折射集
prisma

照亮存在之遮蔽

Alex Murray

Giorgio Agamben

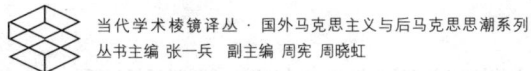

当代学术棱镜译丛 · 国外马克思主义与后马克思思潮系列
丛书主编 张一兵 副主编 周宪 周晓虹

为什么是阿甘本？

［英］亚历克斯·默里 著 王立秋 译

南京大学出版社

Giorgio Agamben, 1st Edition / by Alex Murray / ISBN: 9780415451697

Copyright © 2010 by Alex Murray

Authorized translation from English language edition published by Routledge, part of Taylor & Francis Group LLC; All rights reserved; 本书原版由 Taylor & Francis 出版集团旗下, Routledge 出版公司出版, 并经其授权翻译出版。版权所有, 侵权必究。

Nanjing University Press is authorized to publish and distribute exclusively the **Chinese (Simplified Characters)** language edition. This edition is authorized for sale throughout **Mainland of China**. No part of the publication may be reproduced or distributed by any means, or stored in a database or retrieval system, without the prior written permission of the publisher. 本书中文简体翻译版授权由南京大学出版社独家出版并限在中国大陆地区销售。未经出版者书面许可, 不得以任何方式复制或发行本书的任何部分。

Copies of this book sold without a Taylor & Francis sticker on the cover are unauthorized and illegal.
本书封面贴有 Taylor & Francis 公司防伪标签, 无标签者不得销售。

江苏省版权局著作权合同登记　图字：10-2012-518 号

图书在版编目(CIP)数据

为什么是阿甘本？/（英）亚历克斯·默里著；王立秋译.—南京：南京大学出版社, 2020.11(2024.11 重印)
（当代学术棱镜译丛／张一兵主编）
书名原文：Giorgio Agamben
ISBN 978-7-305-23343-2

Ⅰ.①为… Ⅱ.①亚… ②王… Ⅲ.①阿甘本-思想评论 Ⅳ.①B546

中国版本图书馆 CIP 数据核字(2020)第 089056 号

出版发行	南京大学出版社		
社　　址	南京市汉口路 22 号	邮　编	210093
丛 书 名	当代学术棱镜译丛		
书　　名	为什么是阿甘本？ WEISHENME SHI AGANBEN		
著　　者	[英]亚历克斯·默里		
译　　者	王立秋		
责任编辑	付　裕		
照　　排	南京紫藤制版印务中心		
印　　刷	江苏凤凰通达印刷有限公司		
开　　本	635 mm×965 mm 1/16 开	印张 11.75	字数 170 千
版　　次	2020 年 11 月第 1 版		
印　　次	2024 年 11 月第 3 次印刷		
ISBN	978-7-305-23343-2		
定　　价	38.00 元		

网址：http://www.njupco.com
官方微博：http://weibo.com/njupco
官方微信号：njupress
销售咨询热线：(025)83594756

* 版权所有, 侵权必究。
* 凡购买南大版图书, 如有印装质量问题, 请与所购图书销售部门联系调换

《当代学术棱镜译丛》总序

自晚清曾文正创制造局,开译介西学著作风气以来,西学翻译蔚为大观。百多年前,梁启超奋力呼吁:"国家欲自强,以多译西书为本;学子欲自立,以多读西书为功。"时至今日,此种激进吁求已不再迫切,但他所言西学著述"今之所译,直九牛之一毛耳",却仍是事实。世纪之交,面对现代化的宏业,有选择地译介国外学术著作,更是学界和出版界不可推诿的任务。基于这一认识,我们隆重推出《当代学术棱镜译丛》,在林林总总的国外学术书中遴选有价值篇什翻译出版。

王国维直言:"中西二学,盛则俱盛,衰则俱衰,风气既开,互相推助。"所言极是!今日之中国已迥异于一个世纪以前,文化间交往日趋频繁,"风气既开"无须赘言,中外学术"互相推助"更是不争的事实。当今世界,知识更新愈加迅猛,文化交往愈加深广。全球化和本土化两极互动,构成了这个时代的文化动脉。一方面,经济的全球化加速了文化上的交往互动;另一方面,文化的民族自觉日益高涨。于是,学术的本土化迫在眉睫。虽说"学问之事,本无中西"(王国维语),但"我们"与"他者"的身份及其知识政治却不容回避。但学术的本土化绝非闭关自守,不但知己,亦要知彼。这套丛书的立意正在这里。

"棱镜"本是物理学上的术语,意指复合光透过"棱镜"便分解成光谱。丛书所以取名《当代学术棱镜译丛》,意在透过所选篇什,折射出国外知识界的历史面貌和当代进展,并反映出选编者的理解和匠心,进而实现"他山之石,可以攻玉"的目标。

本丛书所选书目大抵有两个中心:其一,选目集中在国外学术界新近的发展,尽力揭橥域外学术20世纪90年代以来的最新趋向和热点问题;其二,不忘拾遗补阙,将一些重要的尚未译成中文的国外学术著述囊括其内。

众人拾柴火焰高。译介学术是一项崇高而又艰苦的事业,我们真诚地希望更多有识之士参与这项事业,使之为中国的现代化和学术本土化做出贡献。

丛书编委会
2000年秋于南京大学

目 录

1 / 致　谢

1 / 为什么是阿甘本？

核心观念

11 / 1　语言与存在的否定性

23 / 2　幼儿期与考古学方法

35 / 3　潜能与"来临中的哲学的任务"

59 / 4　政治——赤裸生命与主权权力

82 / 5　姿势的家园——艺术与电影

101 / 6　文学的实验室

127 / 7　见证与弥赛亚时间

145 / 阿甘本之后

152 / 延伸阅读

161 / 参考文献

166 / 索　引

致　谢

一本这种性质的书,不是个人洞见,而是智识共同体的产物。无数人在我理解阿甘本思想的方方面面上提供了帮助。我为这些文字中可能出现的一切错误负全部责任,但同时我也要对以下人士——尼克·赫伦(Nick Heron)、贾斯汀·克莱门斯(Justin Clemens)、萨诺斯·扎塔劳迪斯(Thanos Zartaloudis)、罗伯特·伊戈尔斯通(Robert Eaglestone)、艾丽西亚·加里森(Alysia Garrison)、杰西卡·怀特(Jessica Whyte)、尼克·沃恩-威廉斯(Nick Vaughan-Williams)、凯瑟琳·米尔斯(Catherine Mills)、雷吉尼亚·加尼尔(Regenia Gagnier)、杰森·霍尔(Jason Hall)、凯特·怀特(Kate White)、阿恩·德·伯维尔(Arne de Boever)、威廉·瓦特金(William Watkin)和朱利安·沃尔弗雷(Julian Wolfreys)——表示感谢,这本书取得的成功,无论大小,里面都有他们的功劳。我还要感谢波利·多德森(Polly Dodson)、艾玛·纽金特(Emma Nugent)和劳特里奇的全体工作人员。

为什么是阿甘本？

对吉奥乔·阿甘本（1942— ）来说，和我们同时代的世界有以下三个特征：古典政治理念衰落，庸俗景观文化流行，我们的"人"之理念所特有的权利不断受到侵蚀。但阿甘本的批判既不是虚无主义的犬儒的批判，也不乏历史的深度。事实上，阿甘本思想的特征，就在于其对和我们同时代的时刻，对这个时刻赋予重新想象当代世界这件事情的重要性的深入思考。在这个意义上说，阿甘本的思想是批判性的，它以可能的最好方式对"同时代"①提出了一种从根本上开放的批判，这种批判拒绝接受我们的问题是"新的"，也不认为当下不可能从根本上得到改变。

阿甘本丰富的作品覆盖了形形色色的领域，如当代欧陆哲学、诗学、大屠杀文学、《圣经》文本批评、电影研究、中世纪文学、法哲学（古代的和现代的）、语言哲学、关于意大利及世界政治的评论、友爱的理论、艺术与美学、哲学史，以及以片段的形式来进行的思辨的批评写作。然而，尽管他涉及的领域广度惊人，本书却要指出，阿甘本的作品形成了

---

① the contemporary，the＋形容词结构的术语很难翻译，比较直接但容易使文字变得不通顺的做法是把它译成"……的（东西、事物、范畴）"。本书中我用加引号的方式来翻译这类名词化的形容词术语，以区别于该形容词原本的名词形式。如"政治"（the political）区别于政治（politics）。——本书脚注均为译者注

一个统一的整体，它出自一种对语言的关注，理解这点，我们批评和阅读它的实践也会随之发生变化。不过，就像我指出的那样，阿甘本的思想铁定是"同时代的"。无论阿甘本讨论的是什么，从古希腊哲学到中世纪诗学或当代的景观社会，他的作品追求的，总是为了一个"来临中的共同体"——它既是在场的，但又可能还没有得到实现——而使权力的装置失效。

大多数人是通过阿甘本关于 *homo sacer*[①] 和生命政治学的叙述而接触到他的，这些叙述受到了一些评论者激烈的攻击。阿甘本作品的这一面关注的，是西方的法律和政治系统的性质，它指出，控制和支配仍然是这些系统的核心。他对近来的哲学最激进的贡献之一，在于他图绘（mapping）他所谓的西方法律和政治的"生命政治"功能的方法。尽管稍后我们还会在本书的第四章对此进行更为详尽的论述，但于此我还是想简略地指出，阿甘本追溯了古希腊关于"政治"的观念中的 *zoē*（生命）和 *bios*（有品质的生命）之分；在 *zoē* 被排除到政治领域之外这个操作中，他看出了这点，即政治和赤裸的或者说裸体的生命之间的关系是成问题的。阿甘本追溯了——从亚里士多德和古希腊，再到罗马法、英国人身保护权（habeas corpus）观念，再到国家社会主义的集中营和当代难民的困境——"政治"对赤裸生命的包括性的排除，以及所有生活在这样一个政治系统中的人民的脆弱，阿甘本指出，这个政治系统的主要功能是使生命的各种形式政治化并对它们加以控制。2001年10月26日，美国参议院通过《爱国者法案》，抹去恐怖分子嫌疑人的法律地位——在关塔那摩开设生命政治的三角禁闭营并引进一种永久

[①] 在阿甘本那里，*homo sacer* 是一个阈限的概念，"被献的人"，或确切地说"被献祭过的人"遭到了双重排除，他/她被献祭给了神，从而被逐出了人界；反过来看，通过献祭，他/她又因为人的触染，而被逐出了神圣的领域。因此，他/她既是"神圣的"，又是"(被神)诅咒的"。从这个意义上说，"牲人""祭品人"的译法较全面地表达了这个意思。而若要强调献祭这个"双向"的排除动作，译为"被献祭的人""被献祭了的人""被献祭过的人"亦可。本书保留了原文不译，意在提醒读者这个词的复杂性，关于这个词的讨论参见本书第四章，尤见第67—70页。

性的例外状态(在此例外状态中,总统可以在他认为国家安全受到威胁的任何时候悬置法律)。阿甘本指出,这些事件与西方的政治和法律系统中的一个内在的矛盾紧密相连,并在许多方面映射了先前的"各种例外状态",如1933年国家社会主义统治下对法治的悬置。

这些主张经常被人断章取义,但它们与阿甘本对语言的理解是一贯的,我们也可以这样解读它们:这些主张表明了,权力是怎样以各种方式在语言中流动的。这个"在语言中流动的权力"概念,又引出了这样一个问题,即,我们应该怎样用语言来反对权力的操纵和控制。对阿甘本来说,答案与这样一个想法紧密相连,即,破坏权力的语言逻辑,并反过来暴露语言的"发生-就位"(taking place)。一切"抵抗"的行动,都不会在现存的制度之外出现,相反,抵抗就在当下的矛盾之中,并且,它涉及对当代语言的地位的挑战,如今,"语言的肥大症和对语言的挪用定义了我们所在的景观-民主社会的政治"(MwE:x)。因此,阿甘本没有提出一种为未来而设计的规定好的政治,相反,他强调当下的政治"战略"的迫切重要性。在一次访谈中,阿甘本说,他同意卡尔·马克思在致阿尔诺德·卢格的一封信中做的声明,"您不会说我对目前的状况过于乐观;假如说我对目前的状况还没有灰心失望,那只是因为这种绝望的现状给了我希望"(Marx,引自"I am":123n)。对阿甘本来说,通过理解危机,理解内在于系统和结构的矛盾,我们才能理解怎样让它们戛然而止。

我们可以在阿甘本思想中的一系列复杂现象中,找到这个与再现和语言紧密相连的过程。说明不同形式的思想之间的关联和过渡,恰是哲学思想的能力。阿甘本因而使这样一种方法论的进路成为可能,这种进路,可以通过这样一种手段——把握关联我们的过去和当下中的异质元素的线索——带来关于文化产品(电影、文学)和政治事件("反恐战争"、法国大革命)的新理解。这种我们将在本书中反复探索的方法,能够提供各种以批判的洞察力来看过去和当下的方式。

两个阿甘本？

所以，阿甘本的作品对"同时代"提出批判，但那个批判，又严格着眼于一个"来临中的共同体"。最近，和阿甘本差不多同时代的安东尼奥·内格里(1933—　)也概括了这两个元素——批判的质问，以及根本上的开放性。一方面，阿甘本的思想以一种在内格里看来，定义了所有战后思想的"被动的批判"为特征。内格里指出，二战之后欧陆传统中的所有批判思想家都试图逃避"辩证"形式的总体化思想，后者是许多像马克思主义那样的哲学体系的特征。在大屠杀的恐怖之后，在驱动现代性的进步与发展叙事抛弃信仰之后，这个拒斥是必要的。它以试图解构导致权力与支配之滥用的思想系统与结构为特征。另一方面，又存在这样一个阿甘本，他对语言拆解各种形式的支配的潜能，对一个视各种形式的分析语言为破坏之关键的主动的抵抗模型感兴趣。就像内格里说的那样，"事实上，存在两个阿甘本。一个坚持一个存在的、命定的、可怖的背景，被迫与死的观念持续对抗；另一个则通过投入语文学的劳动和语言学的分析，抓住（添补、引导并建设）了生命政治的地平线"(Negri 2003)。在通过一系列批判的努力来思考的时候，我们力图发现这两个不同的线索蕴含的各种可能性，与此同时，本书关注的问题将一直是，这两半是怎样合作的——以及它们是不是真的是两半。在第一章中，我将通过考察他与海德格尔的论战，把阿甘本关于语言的作品，呈现为对一个"否定的"基础的再现；接着，在第二章和第三章中，我将进入阿甘本更"具生产力的"时刻，在这些时刻中，他通过中断辩证或二元对立的观念本身，引入了非作（inoperativeness）、潜能（potentiality）和来临中的共同体。这些是为了给读者一种对阿甘本思想的"结构"的认识，这样的结构感可以让他们把握阿甘本是怎样利用大量的哲学的切入点，即海德格尔和本雅明的作品，进入许多弥散的领域的，而这些领域,也是我们在剩下的章节中要探索的主题,即政治、文学、艺术、电影和伦理学。在这里应该注意的是,海德格尔和本雅明看起来可能就是这"两个阿甘本"的来源,前者是否定的,后者则是肯定的。但正如我们将在书中各个地方看到的那样,你绝对不会明显觉得,内格里设定的这两个辩证对立项真是对立的。阿甘本的思想是在本雅明和海德格尔之间发展出来的,而不是像传闻说的那样,阿甘本发现本雅明是对海德格尔的否定或解药(详见 Deladurantaye 2000:8)。海德格尔与本雅明之间的这个对立的虚假,说明了内格里的分析是辩证的。而随着本书的展开,这点应该会变得清楚:这"两半"只是表象。相反,把他的作品当作一个整体来思考是必要的,在这个整体中,一切批判的时刻都必然从根本上与来临中的共同体的激进潜能相关。

语言的问题

为把握阿甘本思想的整体统一性,对其基本前提——人被其语言"能力"定义并持续地被这个能力再定义——进行探索是值得的。人有语言这个简单的事实,在阿甘本看来(他引述了海德格尔等思想家,对海德格尔来说"语言是存在的家"),对理解我们是谁和我们是什么来说至关重要。可语言是什么?它是怎样运作的?如果人有语言,那么他是怎样经验语言的?我们与语言的关系是什么?先于语言的经验可能吗?如果可能,我们能通过除语言之外的其他方式来表达它吗?比如说,语言与影像之间的关系是什么?也许,把阿甘本关于语言的思考分成以下三个相互关联却又各不相同的部分是有用的:

1. 语言与存在有某种本质的关联,因此,语言也就与哲学的对象有某种本质的关联。这些哲学关注的,是各种关于语言的"本质"的观念,以及语言是如何构造我们在世界上的存在的。

2. 语言受当权者的操纵，因此，语言也是政治的对象。确切来说，在语言运用的形式之外，并无政治。在这里，阿甘本探索了政府和法律是怎样使用和操纵语言来创造和强化它们的权力的，但他也探索了何以再现和对语言的使用，也可以成为挑战那个权力的手段。

3. 语言是创造性表达的媒介，因此，语言还是文学的对象。语言在诗和散文中的使用和发展，构成了一种对我们经验语言的方式的再表达。

因此，本体论、政治和文学，以及它们之间的关系，是阿甘本著作的核心主题。

这个清单应该使我们认识到语言哲学向其他领域延伸的不同方式。这三个领域——哲学、政治/法律、文学——之间的关系，也起到了拆解它们之间的传统边界的作用。可以说，在阿甘本那里浮现的，是向一种"诗学"，一种与加诸这些领域的限制无关，反而是要超越思想的圈套的思想形式的移动。在一个以"跨学科"研究和传统智识领域之间的边界越来越不稳定为特征的智识环境中，阿甘本的作品对那些试图把不同领域拉到一起的人来说是一个强大的资源。

不过，在本书中，这点也会变得明显：结合不同形式的知识，对讲求实效的学术实践来说，很难说是有利的。阿甘本遭到了（特别是那些在政治哲学领域工作的人的）严厉批判，因为他把批判的实践，引入了通常没有这样的实践的学科。比如说，在关于政治哲学的密集讨论中，阿甘本经常通过诉诸文学文本来介入讨论。在许多方面，阿甘本之所以能够为这样的学科跳跃"正名"，恰恰是因为他的作品有一个稳定的、以一种语言哲学为中心的基础。比如说，他在这个语言哲学的基础上模糊了分散学科之间的边界："问题与其说是诗是否与政治有关，不如说是政治是否还等同于它最初与诗的结合。"（*IH*：164）但是，正如我指出的那样，这样的命题在阿甘本的作品中有它们自己的功能，它们用文学的形象和艺术的例子来干涉一系列多样的辩论,并动摇那些批判的假设——这些假设可能给人们对"哲学可以是什么"的主流理解戴上有色眼镜。这个实践已经引起了批评者的愤怒,他们认为,不应该把"政治"或"社会现实"和"文学"放到同一个平面上去考虑(详见 Ross 2008：11)。这个误解经常源于阿甘本作品的非正统性,他的作品不是按传统的"哲学"方式写的——传统的哲学作品关注的,是各种关于世界中的存在的陈述是不是像它们声称的那样是真的。但更重要的是,阿甘本的理论计划拒绝坚持某种学院做派；相反,它拓展了批判思想的潜能,使之超越了期刊和专著,而后者,又是和我们同时代的"智识"文化的特征。

可再现性(Representability)

阿甘本作品的一个重要部分和它经常被误读的一个地方,在于它对可再现性的关注。阿甘本的作品试图通过文本的结构、其"建筑"、其再现方式来说明一个观念(比如说,"潜能"的性质),提出一种特定的关于再现的论证。这种再现的形式被阿甘本确定为"批评"。"批评"实现的是什么？尽管这是一个复杂的观念,但它还是可以被简化为这样一种写作风格,这种写作风格关注的,是尝试通过某种形式的再现,来探索和履行它的论题。一些形式的哲学可能是通过诸如三段论或逻辑命题这类形式来进行的,而阿甘本的作品,则经常是曲折的、碎片化的。因此,读者应该把这本书当作一张概念地图来使用,它概述了阿甘本作品的核心概念和主要关注点。但我们需要这样看待那些概念:它们是在对文本本身的呈现中,被演(being played out)出来的。

这种呈现方式与阿甘本的阅读模式是相符的,他先从跨学科和媒介的领域探索和挖掘文本,然后在这些碎片中发现某种形式的哲学的进程。就像他说的那样,"哲学没有特性,没有专有的领土,它内在于文学,内在于艺术或科学或理论或无论什么,正是这个要素,包含了一种有待发展的能力。在某种意义上说,哲学散布于一切领域。哲学永远是一种流散,并且必须被回忆和收集"("WP?")。接着,阿甘本把形形色色的思想家、艺术家和作家的线索收集起来,创造出一幅哲学的"拼贴画"。虽然这幅拼贴画的基底是语言哲学,但它到处都找得到它的"哲学"。在下面的章节中,我将引入许多构成阿甘本自己的星丛的关键作家:马丁·海德格尔(1899—1976)、瓦尔特·本雅明(1892—1940)、米歇尔·福柯(1926—1984)、阿比·瓦尔堡(1866—1929)和弗朗茨·卡夫卡(1883—1924)。他们加在一起也很难说就穷尽了阿甘本的思想来源,但这些核心人物可以帮助读者认识到阿甘本本人是怎样阅读、怎样使用其他人的作品的。

认为哲学"散布"于一切领域,这种看法的重要性不只体现在阿甘本的作品中,也反映在"回忆"和"收集"的过程中。这个过程致力于动摇当下政治和社会控制中的各种霸权形式。阿甘本在梳理这个当下的压迫与暴力的形式的谱系时考虑的,不是要"回到"某个过去,而是要通过把当下的结构的特征追溯到一个原点,通过努力使当下的"黑暗"失效(而他又是通过追溯当下的"黑暗"在过去的阴影来做到这点的),来使当下的结构失去作用(inoperative)。无论是在古希腊还是早期现代,无论是通过对哲学专论,还是政治小册子抑或诗的分析,它都是以阿甘本所谓的"来临中的共同体"的名义来进行的。实现这个来临中的共同体,是阿甘本的思想对我们提出的挑战,也是一个我们不能掉以轻心的挑战。

核心观念

1　语言与存在的否定性

如果本书只提出一个关于阿甘本作品的主张,那么这个主张将是,语言哲学是阿甘本思想的核心。如果我们要理解阿甘本理解诸如政治、伦理学甚或电影等领域的方式,那么我们就必须看到,他的思想出自他对马丁·海德格尔的哲学,对文献学和语言学的兴趣。在本章中,我们将考察阿甘本的几个核心文本,以理解他是怎样使用诸如声音、指示语和本体论等概念,来对人、语言和思想之间的关系进行概念思考的。与此同时,我们还将看到,在把人设想为语言的场所,设想为将存在的否定基础与语言能力相绑定的场所时,阿甘本生产出一个复杂而又连贯一致的哲学基础。在这个基础上,我们才可以开始阅读他的作品。在他的作品中,否定性的生产是和一个原始的区分密切相关的,为使这个区分失效,我们必须对它加以考察。

阿甘本与海德格尔,一个起点

正如我在导论中指出的那样,阿甘本与德国现象学家马丁·海德格尔的关系很近。阿甘本在1966年和1968年参加了海德格尔在普罗旺斯勒托尔的研讨班,他的书《诗节:西方文化中的词与幻象》就是献给海德格尔的。除这些个人的联系外,阿甘本的作品也反复承载着海德格尔的思想痕迹。海德格尔的哲学基于一种对存在之本质的关注,即被称为本体论的那一派哲学。什么是最好的生活方式?什么是人的幸福?我们怎样获得知识?此类问题主导着十九世纪德国的哲学圈,但对海德格尔来说,它们都未能主动地思考思想的本质,即存在问题。存在指定了思想的观念,存在是哲学追求却难以把握的思想的清晰而纯粹的条件。在海德格尔看来,这个存在是试图说明存在观念的人或者说**此在**(Dasein)做出的一个活动:"我们可以用'此在'这个术语来指那个实体——我们每个人自己就是这样的实体,并且那个实体的存在的可能性之一就包括研究这个活动。"(1978:27;7)

海德格尔的作品给我们呈现了一套批判的语汇,同时,我们也可以识别出他思想中一些对阿甘本来说很重要的元素。第一,海德格尔关注思想和存在的基础。和海德格尔一样,阿甘本也是从哲学提出的这些最基本的问题开始的,而他的全部作品都是在按自己的方式来回答这些问题。第二,在海德格尔看来,存在处于某种被遮蔽的状态,而哲学,则必须通过持续地追问它自己的思想基础,来探索这个状态。阿甘本也认为哲学是这个过程的一部分,他自己的思想也力图——主要是通过语言问题——探索存在的这个被遮蔽的状态。第三,海德格尔把人概念化为对自己的必死性有所认识的、有语言能力的动物。这个基本的洞见,对阿甘本来说也是至关重要的,同时也是阿甘本的重要研究《语言与死亡:否定之地》主要关注的焦点。第四,海德格尔认为语言是一种"独白":"它独自说,自己与自己说。"(Heidegger 1993:397)同时,语言除自身外别无所指。就像他看似同语反复地说的那样:"语言是——语言,言语。语言言语。"(Heidegger 1971:191)然而,语言的空间——必须在这个空间中,通过这个空间,语言才能言说——却是"人"(尽管在海德格尔那里,人这个范畴指什么还不明确)。因此,我们有语言经验,却又从根本上被移除到那个经验之外。这个矛盾——语言对自己言说并言说自己,但也通过人来言说——也许是阿甘本和海德格尔之间最重要的联系。同样重要的是，阿甘本和海德格尔都把哲学看作一条"通往语言之路"或一条能够把我们引向"人的生命的居所"的"路"(Heidegger 1971：193)。把握语言的抽象结构尚不足以理解它；相反，我们必须在思想中把握语言。在阿甘本和海德格尔对语言的反思的这个相互关系中也有许许多多的差异（在下文中我只会提到其中一些），但现在，我们可以把这个观念，即"语言对自己言说并言说自己，但也通过人来言说"，当作阿甘本思想的出发点。

为阐明这个关于人与语言之间的关系的观念，我要回到阿甘本一篇题为《语言经验》("Experimentum Linguae")的简短却重要的论文。在这篇文章中，阿甘本提出了一个他在其他地方也提出过的，指导着他自己的研究的问题：

> 像唧唧叫之于蟋蟀或昂昂叫之于驴那样之于人的"人的声音"存在吗？如果存在的话，那么，这个声音是语言吗？声音与语言、*phōnē* 与 *logos* 之间的关系是什么？而如果像"人的声音"这样的东西不存在的话，那么，我们还能在什么意义上，把人定义为"有语言的有生命的存在"？这些问题也因此而划出一项哲学研究。
>
> (*IH*：3—4)

我们应该能够直接地看到，海德格尔关于人与语言的关系的提问和阿甘本对声音的关注之间的联系。驴或蟋蟀，就没有一种抽象的语言而言，看起来有它们自己的"声音"，或一种直接的沟通方式。人只能使用语言，而那个语言又是不自然的，是某种学习得来的东西。因此，语言不属于我们。我们不"拥有"它，但我们一直持续地使用它。这就是在存在的核心处创造出的一种奇怪的"否定性"。就人的经验的所有方面都源于这一事实——人的存在是为人有又没有的那个东西所定义的——而言，这个否定性是根本的。语言的否定性，是出自语言与声音之分的矛盾，它统御着阿甘本的全部作品。他想探索我们是怎样才有了语言的,以及克服语言的可能性是否存在。

14 阅读《语言与死亡》

阿甘本对这个否定性的最持久的分析,是《语言与死亡:否定之地》一书。下面这节文字的篇幅较长并且可能有些密实,但如果你想把阿甘本的作品当作一个机体来阅读,想理解他更广泛的想法是怎样出现的,它还是很值得读的。《语言与死亡》开头引用了海德格尔的一段文字,这段文字把人定义为有语言能力和必死性的存在。海德格尔声称,这个"死亡与语言之间的本质联系在我们面前闪现,却一直没有得到思考"(转引自 LD:xi)。接着,阿甘本主要通过海德格尔和伟大的德国哲学家 G. W. F. 黑格尔(1770—1831)这些人物,从这个角度出发,来解读西方哲学的历史。对阿甘本来说,"人是必死的、有语言的存在"这个想法和他眼中的形而上学的根本否定性有关。形而上学这个哲学分支假定,实在必有本原,本原超越一切关于世界如何存在的想法,提供"第一原则",而在第一原则的基础上,我们才能开始思考存在的性质。形而上学经常暗示,在人与世界之间的关系中有一个空缺,有一片空白,或者用阿甘本的话来说,有一个否定的"地方"。阿甘本的主张是,形而上学——甚至海德格尔和黑格尔那里对形而上学的批判——需要创造一个否定的空间,而它关于世界的叙述的基础就在于这个空间。

这个否定的空间,在黑格尔和海德格尔的作品中,分别是在"这个"和"此"这两个术语中开始的。在海德格尔的大作《存在与时间》(*Being and Time*)中,海德格尔断言,**此在**,他的那个思想着的存在的形象,必然随身携带着它自己的"此"。恰恰是因为**此在**有它自己的"此",所以它才能实存。这包含在它的名称里,阿甘本把**此在**翻译为**在此的存在**,表明,Da(此)是把人移出 $Sein$(存在)的那个东西。我们总是试图发现 $Sein$,却不能做到这点,因为我们是有位置的("此"命名了一个场所和空间,我们就是从那里开始存在的)。正如阿甘本所说,"在 Da 这个小词里有某种东西使那个实体——人——失效,或在那个实体中引入否定的东西,这个东西必然是它的'此'"(LD：5)。所以,人变成了否定性的场所,并因为这个否定的场所——人必须从那里言说,注定无法进入 Sein。

阿甘本认为,黑格尔思想中的"这个",也是作为思想之开端的否定的场所。阿甘本提供了一种对黑格尔别具一格的诠释,他从黑格尔在二十六岁时写的一首晦涩的诗开始解读黑格尔。这首关于古希腊厄琉西斯秘密仪式的诗指出,人只能通过先经验"词的贫乏"来沉思"天使的语言"。这个矛盾表明,我们只有通过承认词在本质上失败了,才能进入语言的本质;语言是某种声音贫乏的替代品。从这个不同寻常的出发点,阿甘本进一步指出,黑格尔对哲学的探索《精神现象学》(*The Phenomenology of Spirit*, 1977)也是从一个否定的命题或空间开始的。阿甘本在这个命题或空间中找到了"这个"这个术语。在《精神现象学》中,黑格尔通过考察多种不同的理解世界的哲学解释——包括意识、自我意识、理性、精神与宗教——最终得出了"绝对知识"这个概念。但他的体系必须包含所有先前的体系,因为他自己"理解精神对什么是知识的洞见"的尝试,也必须被视为对它之前的所有其他思想形式的综合。阿甘本因此以第一种认识世界的方式——感官确定性(Sense-Certainty),作为考察黑格尔的"否定"的起点。

感官确定性对黑格尔来说,是最基本、最不复杂的理解世界的手段。顾名思义,它假设,我们可以确定,我们对世界的直接的感官印象是真实和准确的。我是完全通过我的印象来把握**这个**(我看到、感觉到、听到……的对象)的,因此,感官的确定性看起来也就是最具体、最可靠的知识形式。但接着黑格尔又进而指出,我们只能言说对象,只能通过一种抽象来把握我们的感性确定性;那种抽象就是语言。在提出"什么是**这个**?"这个问题的时候,我们已经失去了对象,并且我们并非在言说它,我们只是在言说语言而已。我们不可能表达感性确定性,因为语言在不表达我们想说的东西的同时,把握了普世的品质("否定")。本质上,语言属于意识,并因此可以言说自己,但不能定位那个感官中的自我。就像黑格尔指出的那样,"(我们)所说的那个感官的**这个**,是语言所**不能企及的**"(转引自 LD：13)。意思是,语言"通过言说不可言说者,即通过在它的否定性中把握它,来守卫它"(LD：13)。似乎对阿甘本来说,最重要的是,否定性在**这个**这个术语中发生了。

这个语言的否定的根基,会在海德格尔的"此"和黑格尔的"这个"这两个术语中发生,这一点为什么重要?答案和**指示语**(*deixis*)这个语言学范畴有关。指示语是阿甘本语言哲学中的一个关键术语,指我们在日常中使用的一系列的代词,比如说我、你、他、她、那里、这个等等。这些术语只有在指示某物,或与某物关联的时候,才有意义。以"这个"这个词为例。如果我不用它来指任何具体的东西,那么这个词是没有意义的。除非我说"这个苹果",联系或指示一个对象,否则我说出的就是一个空洞的词。同时,说"我"又是什么意思呢?这个代词对阿甘本来说肯定是最重要的,因为其功能便是仅用于指示语言正在发生。在这里,阿甘本引用了法国语言学家埃米尔·本维尼斯特(1902—1976)来解释"我"的功能。就像本维尼斯特问的那样,"**我**或**你**指的实在是什么?不过是一种'话语的实在'罢了,这种话语的实在非常独特。我们只能从'惯用语'的角度,而不能用客观语汇来定义**我**……**我**意指的是'那个说出包含**我**的话语在当下的实例的那个人'"(转引自 LD：23)。因此,这个术语只在言语中、语言中有意义,它指的不过是"语言正在发生"这个简单的事实、语言的"事件"罢了。正是出于这个原因,在二十世纪文学中,第一人称代词才变得如此成问题。也许在这里,我们可以想想贝克特,对贝克特来说,在他后期的作品中,"我"这个代词就变得非常成问题。它的空,它在包含除语言的发生外的任何东西上的无能,把它凸显了出来:既是一个没有意义的词,又是死亡的一个标志。贝克特晚期的一篇散文小说《陪伴》(*Company*)就指出了"我"再现除一个空的位置外的其他任何东西的不可能性:"第二人称的使用标记了声音。第三人称则标记了溃烂的他者。要是他能对声音言说的那个人言说并言说那个人,那么,就会有第一人称了。但他不能。他不会。你不能。你不会。"(Beckett 1982:6)在贝克特碎片化的散文中我们看到了逃避这些转换词的不可能性,但它们从根本上说又是空的。贝克特把这些代词呈现为语言,传达了语言在传达上的无能,允许它内在的否定性出现。

声　音

那么,何以转换词这个范畴,与各种否定性观念以及阿甘本对人有没有声音的研究有关?转换词,就指示语言的"发生-就位"而言,与声音有一种复杂的关系。对阿甘本来说,声音这个观念,不应该被理解为简单的声响。如果我们理解了每一个声响的意义,我们就永无获取语言的必要了。相反,我们总在试图把声响转化为意义,接收音素,即我们听到的声响,把它们变成能指(词),再由此导出一个意义。据阿甘本所言,声音就是为了发展出意义,为了让语言有意义,而必须消除的那个东西。这个过程使我们失去了声音,在语言和言说的核心处创造了一个本质的空白。阿甘本把这个具现于语言的发生-就位的过程,称为**声音**(大写的声音,区别于我们无法获得的那种声音)。对阿甘本来说,**声音**不再是声音,但它确切来说也不是意义,它是语言这个简单的行为,而语言这个行为,对阿甘本来说,同时是存在和时间的基础。为有存在(在海德格尔区分的那个意义上说),我们必须有某种形式的意识,一种只有在我们认识到在场(即我们能想到自己处在时间之中)的时候才会存在的意识。对阿甘本来说,**声音**给了我们这两个东西,因为在意指"现在语言正在发生"的时候,它创造了时间,并表达了对存在的意识。所以,阿甘本认为,**声音**是"至高的转换词,它允许我们把握语言的发生,因此,它看起来就是所有本体论都要依赖的那个否定的根基,就是那个维持一切否定的那个原初的否定"(LD：36)。在**声音**的形象中，我们可以看到阿甘本哲学见解的基本症结：所有对存在的研究，所有形式的对意义的建构——通过它们与语言的关系——都基于一种看起来无法逃避的否定性。

在确立了海德格尔和黑格尔的"否定"，并因此引入**声音**这个范畴之后，阿甘本进而探索了在这两位思想家那里作为"原初的否定表达"的声音。(LD：37)尽管在这里我不能深入探索这个分析，但简单来说，阿甘本展示了，对黑格尔来说，声音栖居于"绝对"，但一经说出，就已经"消失了"。在海德格尔那里，语言和 *Stimme*（德语中的"声音"）之间的分裂，回响在**此在**面对的畏的 *Stimmung*（情绪）中，因为它意识到它没有真正的声音。对阿甘本来说，其结果是另一个只在沉默中发生的**声音**。这看起来就是阿甘本对语言在思想中的地位的诠释的地平线：语言遮蔽并消除了一切我们可以有的直接的声音，而代之以另一种只能传达一种沉默的**声音**，或者就像阿甘本——用海德格尔的话——说的那样：*sigetics*。在描绘了思想与存在的核心处这个根本的、看起来不可避免的否定性之后，阿甘本转向了十二世纪的普罗旺斯诗歌，提出了这样一个问题：我们能不能在那里发现"另一种不依赖一个不可言说的基础的语言经验"？(LD：66)为什么是普罗旺斯诗人呢？就像我在导论中指出的那样，阿甘本作品的特征是，探索词源学和中世纪与古典文本，在过去晦涩的作品中寻找重建和解释当下难题的方式和手段。在这里，普罗旺斯诗人被呈现为这样的人，他们在这样一个时代的交点上写作，当时，诗还关心**话题**。在那之前的古代，诗是用语言的修辞"位置"构成的，这样的修辞实践认为，语言本身是已经给定的；而更现代的观念则认为，诗是对一个亲身经历过的实在的表达。阿甘本进而考察了两首诗，展示了何以这两首诗依然把"它自己的词的原初事件呈现为无"(LD：74)。对这两首诗的分析是复杂的，它们展示了文本细读在阿甘本作品中的重要性，然而，总结不是本章要做的事情。不用说，阿甘本的研究表明，诗也和哲学一样，力图把语言的场所概念化为否定性之外的某种东西。

在这点上,简要地指出阿甘本所认为的诗与哲学之间的关系是值得的。在这本书中,我们将一次又一次回到这个关系,因为它对于理解阿甘本如何构想他自己的批判实践来说,一直是至关重要的。在《语言与死亡》中,也许我们应该到这两种话语(即诗与哲学)之间的某个地方,去寻找他对人类提出的,发现一种新的气质或栖居之地的呼唤:"也许,只有这样一门语言——在这门语言中,哲学的纯粹的散文将在某个点上介入,拆散诗的世界的韵文;而诗的韵文也会出面,把哲学的散文弯成一个环——才会是真正属于人的语言。"(LD:78)这个描述是故作神秘的,它也是阿甘本对他在存在核心处发现的否定性的替代物做出的一系列姿势中的一个。正如我在导论中指出的那样,也就像我们将在本书中反复看到的那样,阿甘本对他提出的难题给出的"方案"是非规定性的(non-prescriptive),并且这也是有意为之。在这里,阿甘本对这两种实践(即诗与哲学)之间的区分的崩溃的暗指,是与他结论中的一种对诗的回归相配合的。

那本书的倒数第二部分指出,超越形而上学的"地平线"思考的一种方式,是开始"清算"我们整个文化的神秘的基础。正如我们即将在与关于幼儿期的讨论的联系中看到的那样,神秘的基础的问题是它把一个否定的形式(沉默)放到了存在的核心。阿甘本认为,我们永远力图回归声音出现的那个点,即语言的起源。但在阿甘本这里,"回归"绝不是某种怀旧的、(向过去)回归的努力,或一种对某种将一直是必要的却又不可能实现的回归的设想。相反,阿甘本力图进入这样一个点:在这点上,一个否定的基础可以出现,并同时为当下消除那个根本的空白。因此,阿甘本所设想的"回归"不是要在时间上回到某个过去,而是要发现一种"不被否定性和死亡标记的语言"(LD:95)。再一次,阿甘本从来没有描述过这种语言,而只是对它比画,做出姿势。相反,阿甘本用两首诗来给这个部分做结,一首是德国艺术家和批评家保罗·克利(Paul Klee,1879—1940)的诗,另一首则是和阿甘本同时代的意大利人、诗人和翻译家吉奥乔·卡普罗尼(Giorgio Caproni, 1912—1990)的诗。这两首诗都谈论了对一个从来没有去过也从来没有存在过的地方的回归。在这里,我要引用卡普罗尼的诗:

> 我回到那我
> 从未到过的地方。
> 它不曾是的样子毫无变化。
> 在桌上(在方格
> 桌布上)我发现
> 从未倒满的杯子
> 还是半满。一切
> 还是我从未离开时的样子。
>
> (转引自 Agamben *LD*:98)

这个回到一个我们从来不知道的空间的意象的用意是暗示我们,我们也可以用同样的方式来想象回到那个从来不为我们所知、可看起来又惊人地熟悉的语言之地(a land of language)是怎样一种感觉。在阅读本书的过程中,我们应该把这个意象牢记于心;尤其是在第 7 章,当我们遇到"弥赛亚"的时候,我们还会看到一种类似的想法(即遭遇一个彻底变了又一点儿也没变的空间)。

在那本书最后的余论中,阿甘本引入了"被献祭的"或 *sacer* 这样一个术语和形象,这个术语和形象将在他的作品中反复出现并成为他争议最大的作品 *Homo Sacer* 关注的焦点。我在这里提到这个,是因为它展示了,何以阿甘本早先关于语言的作品,就已经预见了他后来的"政治"作品,以及有必要把他的著作当作一个整体来阅读。在《语言与死亡》中,*sacer* 是作为人类共同体的基础而出现的,而阿甘本认为,人类共同体在本质上又是无根据的。它因此也就要求各种实践和仪式来给它一种坚实性。对阿甘本来说,这同时也带来了一种原初的排除(我们有共同体,是因为某种东西可以在外面存在,我们可以根据那个不被包含的东西,来衡量我们自己)。这个过程具现为献祭,而献祭在把某人逐出社会的同时,也揭示了这点,即在内外之间存在一个阈限,或者,用阿甘本的话来说,存在一个"不可区分的区域";如果某人可以被排除的话,那么,我们所有人都是潜在地可排除的。阿甘本认为——在这个献祭的暴力之外——以及在虚无(他把它等同于虚无)之外,"社会实践本身、人的言语本身,变得对自己透明了"(*LD*:106)。在他致敬卡普罗尼的简短的、几近于诗的后记中,阿甘本用这个关于社会实践和言语的观念来给他的作品做结。在这里,结尾的几句话说出了阿甘本新的伦理的共同体的原则:"所以语言就是我们的声音、我们的语言。你于此刻言说,这就是伦理。"(*LD*:108)。这里的纠结——最后这几句话是我们"说"出来的,还是读出来的,又或是想出来的?——是重要的。为与伦理相遇,我们需要消除、磨去这些实践(说、读、想)之间的区分。在对哲学核心处的否定性进行了冗长、复杂的分析之后,阿甘本似乎在号召我们超越那个否定性,走进它之外的思想、语言、生活的领域。正如我们将在下面的章节中看到的那样,这个"来临中的共同体",出自对包括/排除的逻辑(这个逻辑是认同的根据)的拒绝,它转而要求的是一种"无论什么的存在",后者与语言的关系,不是本体论的否定关系。

总　结

正如我们在本章中看到的那样,语言处在阿甘本关于哲学的功能之见解的核心。他所有的作品都出自这样一种意识,即在"人"(通常指语言)的核心处有某种东西分裂了,这个分裂是没法解决的,于是我们通过在试图掩饰那个分裂(给词、"人"意义)的同时,在依赖那个分裂的基础上建构能够解释我们自己的存在的叙事和故事,来建构我们的世界。这种对分裂或对立的意识会在阿甘本的作品中反复出现,但阿甘本总会同时指出并试图回到分裂的那个点,去理解分裂的源头的性质,以达到使分裂失效的目的。遭遇语言核心处的否定性也就变成了这样一个过程:撕掉我们当代政治生活的空洞的黑话,通过呈现语言的发生,通过尝试在其中找到一个超越那种根本的否定性的空间,来暴露它们。

2　幼儿期与考古学方法

阿甘本大量的作品(包括零散的论文和更长的著作)还会重复《语言与死亡》结尾那个超越否定性的姿势。在本章中,通过探索幼儿期和经验,我们将遇到那个否定性之外存在的潜能是什么的问题。在探索幼儿期的时候,我们会看到,阿甘本的语言哲学是怎样以各种方式变成一种历史哲学的,但它又是一个生产性的破坏时刻:它力图通过引入一种语文学的方法(这种方法力图使历史的叙事和哲学的基础失效或失去作用),来破坏历史和哲学。后来,阿甘本把这种语文学的方法重新表达为一种考古学的方法,这种方法也使我们可以追踪阿甘本思想的运动:从语言和语言学的根基,到第三章中来临中的共同体的引入。

幼儿期

阿甘本在试图超越像《语言与死亡》那样的作品的否定困境时探索的"形象"之一,是幼儿期的形象。幼儿期肯定是阿甘本最难以把握的概念之一了,但要理解他是怎样开始概念化地思考他在其他地方所说的"来临中的共同体"的,理解这个概念又是必要的。如果我们回想阿甘本关于"我"这个代词的论述的话,我们就会想起它把人的存在的根基放到了语言之中,但那个根基,又经常被暴露出是任意的,而"我",除语言的发生外,别无所指。我们看起来只能通过语言的使用,来经验和理解它(如果我们不通过语言来使我们的世界概念化,那么我们该怎样组织我们对世界的经验?)。阿甘本关注的是,语言如何预言了现代主体性(即这样一种认识:我们是自主的个体)的发展:为概念化"我们真的存在"这个事实,我们必须说"我存在"。

但对阿甘本来说,身为一个主体的现代经验引发了他所谓的"经验的毁灭"。众所周知,瓦尔特·本雅明在他关于尼古拉·列斯科夫(Nikolai Leskov)的论文《说故事的人》("The Storyteller")中提供了一个对现代经验之贫乏的探索。对本雅明来说,"一战"是一个事件,在这个事件中,我们把握到了现代性引发的对经验更加广泛的毁灭:

> 因为经验从未像战略战争的策略经验、通货膨胀的经济经验、机械战争的身体经验、当权者的道德经验那样全面矛盾。现在,坐马车去上学的那一代人站在开放天空下的乡下,在这里,除云彩外,一切都变了,在这些云彩下,在破坏的洪流和爆炸的立场中,是渺小、脆弱的人的身体。
>
> (Benjamin 1968:84)

阿甘本沿用和拓展了本雅明的主张,宣称现代生活的经验使我们不能再去真正地"经验"了。这看起来是反直觉的——我们每天都有"经验"(我正在经验写书)——但对阿甘本来说,这不是经验的核心,它更关乎我们如何经验语言。阿甘本想拿现代经验的平庸来和先前的经验形式做比较。在先前的经验中,通过共同体和文化知识的传递,我们经验的语言是活的,它活在我们身上。这个活的东西,是投注在语言中的权威。不是一个强加的权威,而是"词与叙述的力量"。想想民间记忆的例子。故事和歌谣在数代人那里的重复,给了词一种真实的力量,"因此,格言和谚语消失了——它们是伪装,在它们的伪装下，经验就是权威。取代它们的口号是人的谚语，对人来说，经验丢失了。这不是说今天经验不复存在了，而是说它们在个体之外上演"（*IH*：17）。这可能看起来是一个保守甚或怀旧的看法，但情况很难说是这样。相反，阿甘本在旧有的经验的消亡中看到了"未来的经验萌芽的种子"（*IH*：17）。

对阿甘本来说，为探索经验的毁灭和新形式的经验的可能性，探索现代主体性的性质是必不可少的。常见的关于现代性的叙事，把我们呈现为现代的主体，这样的主体不再受某种对世界的超越的理解（比如说，基督教中关于一个可以命令和控制世界，并可能救赎我们的上帝的观念）的控制。与之相反，现代的科学和哲学，通过一个推理的过程，能够重新布置世界，使我们以个体的身份来经验它，而不必通过某个神或其他某种力量的存在来为其辩解。理性给我们的这个自由使我们能够把自己思考为有意识的主体：我们有一种有意识的、主动的和世界打交道的方式。但阿甘本指出，我们有的是语言，我们通过语言与世界打交道。因此，"经验的毁灭"是由于未意识到"经验"的本质不是意识而是语言。那么，为什么这是重要的，以及何以它与那些我们探索过的关于**声音**的观念有关呢？我们最好通过幼儿期来思考这点。在这里，阿甘本想说的，不是我们普通的日常意义上的幼儿时期，所以，不要去想牙牙学语的婴儿了。相反，他想说的是某种类似于对语言本身的"经验"的东西。因此，幼儿期不是某种我们可以"回归"的东西，某种先于语言的乌托邦。事实上，我们必须抛弃关于一个先于语言的地方的想法，因为它以另一个想法为基础，那就是有一个先于语言的"事件"，而事实是，只是因为我们有语言，所以我们才有了事件，并因此有了历史。在这里，需要被取代的是这样一种理解，即语言的经验有一个"起源"，而实际上，我们"回到"的是无（我们哪里也回不去），我们只能在语言的核心处发现在那里的东西。于是我们再一次看到这样的想法：研究当下的关键问题——语言的问题——出现的那个时刻。在这里，幼儿期是命名那个为人和语言的分离奠基的东西的尝试。人和语言的分离导致了"经验"的不可能性,我们也不应该把它和"回到"某个先于这个分离的点的尝试混为一谈。

经验是语言的极限——是我们奋力用词来表述的某事物发生的那个点。如果你愿意的话,你也可以说,这是幼儿期的回归,或者更准确地说,是幼儿期的闪现,是我们想起在语言之前还有某种东西而语言努力"解释"这一现象的那个点。就像阿甘本说的那样,"幼儿期如是存在——换言之,它被经验为语言的超越的极限——这个事实本身,就排除了语言本身存在总体和真理的可能性"(IH:58)。这意味着语言不总是等同于,也不可简化为统御它的那些规则和系统。不是说我们不可能拥有真理,而是说语言不是获得真理的直接、科学的手段;相反,语言、幼儿期和真理之间的关系是建构出来的,它总在移动和变化。不过,幼儿期最主要的特征在于,它揭示了语言和话语/言说的分裂,并且是这个分裂的来源。语言的意义绝不是无时间的或纯粹的;意思不会随时间而变化的词也绝不存在。我们使用语言的方式必然会变,因为我们"人",是语言向言说、话语运动的场所。

阿甘本认为,语言向话语的这个运动,既是在"人"内部又是在没有"人"的情况下发生的。此处最好回到他的科学的类比,以便以不那么抽象的方式来把握这一点。根据阿甘本的描述,人的语言"在源头处就分裂为一个体内的和体外的域"(IH:65)。在生物学中,体内的,指的是动物当作它自己身体的一部分来使用的器官/特征(device/feature)。所以,比如说,对鸟来说,爪子是体内的。另一方面,体外的,指的则是在动物的身体外、与之无关的特征或工具。所以,人使用的铲子就是体外的。如果我们把阿甘本的研究往前推,那么语言就是一个我们用起来就好像是起源于我们的意识,但在源头处又是最人造、最外来的工具的东西。因此,幼儿期就是这个分裂,就是这个事实——语言既显著地是外来的,又如此熟悉——的名称。如此一来,幼儿期当然就命名了我们在上一个章节遇到的,言说的存在的核心处的那个否定性。不过,也正是通过把幼儿期设置为分裂、分化、不与其基础密切相关的"居间"(in-between),阿甘本才得以思考这样一个经验的观念:这种经验可以通过占有作为经验的语言,来再次占有幼儿期。

要理解作为语言的场所的"人",很重要的一点是要理解阿甘本在这里使用的从本维尼斯特那里借鉴的技术术语——"符号"(semiotic)和"语义"(semantic)。"符号"是关于符号的科学。语言是一组词、能指,这个想法我们都能理解。你看到词,认出它,阅读它。"语义"则是——如果你愿意的话,可以这么说——语言的意义,它不需要被认出,但必须被理解。"符号"一般是在句子的层面上说的,它有一个或多或少可以被有效地翻译为另一门语言的意思。"语义"的问题则在于它不是普世的,可能没法被翻译为另一门语言。举一个常见的例子,法语有两个词表示英语中的"河流"(river)这个词:*rivière* 和 *fleuve*(后者指注入海洋的河流)。尽管我可以轻而易举地把 *fleuve* 翻译为英语,但我不能在语义上翻译这个词,因为它在英语中没有直接的替代。我们还可以想到许多例子,在这些例子中,甚至像英语这样的语言,也没法直接翻译世界不同地区(同样用英语来说)的表达。美语的 root 这个词有支持的意思(We're rooting for you guys:伙计们,我们支持你们),而在澳大利亚,该词则是一个用来指交配的粗俗的俚语。因此,把"符号"从一种文化引进另一种文化,并不能保障"语义"会随之被引进。总而言之,每一次我们使用符号的术语,我们都要在它们落回语言之前,片刻地把它变成语义。幼儿期,就是阿甘本用来命名这样一个过程的"居间"的词,该过程使我们可以变成这样的点——在这个点上,我们可以从"纯粹的语言"向"语义"转换。类似地,它也把我们变成了这样的点——在这个点上,我们可以看到从"神话"到"历史"的转变,以及一种批判的神话学的可能性。

阿甘本把法国结构主义人类学家克洛德·列维-斯特劳斯(1908—2009)表述的神话看作这样一种幻象,即我们还可以获得纯粹的语言,我们可以回到某种像自然的语言那样的东西。神话和幼儿期一样,是"符号"和"语义"之间的一个点,但它和幼儿期又不一样。神话试图把

"语义",或者说话语,转化为一个"纯粹"语言的、"符号"的领域;而幼儿期的运动则相反,它是一个在使语言进入"语义"的多义的同时,给予我们历史的过程。如果历史关乎变革的话,那么历史就可以被理解为历时发生的语言中的变革、变动。所以如果说神话生产了回归某种如纯粹的语言那样的东西的幻象,那么历史则是通过否定纯粹语言生产出来的,这样一来,批判的神话学又是什么呢?答案是以通过语文学来转变神话的形式出现的。语文学是处理各种语言的结构、历史发展和关系的知识分支,也是关于各种语言的音韵学和形态学的历史研究,它也被称作历史语言学。阿甘本在一篇题为《回顾计划》("Project for a Review")的短论中概述道,"批判的神话学"是从语文学的角度来探索怎样考察实践和仪式在不同历史时期中的变形,即那些在看似分离的时代和地点可以看到的奇怪的汇合。在阿甘本看来,这个过程可以"把神话从它原型的僵化和它的孤立中唤醒,把它还给历史。它的批判工作将生产出一个免于一切仪式特征和一切对命运的屈服的起源"(*IH*:167)。在这里,关于阿甘本在把注意力集中到语言和语文学上时,力图用神话和历史的范畴来做的事情,我们看到了一个清晰的定义。通过消除起源和命运(我们可以认为,二者就是困扰历史和神话的"目的"),阿甘本力图移除一切本质或基础的概念,反过来通过把注意力集中在语言上,来澄清变革和连续性。

考古学与哲学的方法

为把握阿甘本对批判的神话学的认识论任务的理解,探索他对这个问题更新的表述之一,即考古学的表述,是有帮助的。阿甘本的思想抵抗关于方法论和意图的清晰陈述。在《什么是范式?》中,他说到了方法论和认识论,"我不喜欢这类问题,我总是有这样一种印象,就像海德格尔曾经指出的那样,在这里,在没有东西可砍的情况下,却有人在忙着磨刀"("WP?")。然而,阿甘本许多最近的论文,也给我们提供了一个更加可靠的、关于他是怎样研究这些问题的认识。正如我已经指出的那样,阿甘本是这样一位思想家,他专注追踪思想的结构和装置(米歇尔·福柯用的法语词是 *dispositif*),为理解它们的考古学,而对这些思想的结构和装置进行谱系学研究。你可能会问,这和历史研究有什么不同? 在这点上,阿甘本是非常明确的,即哲学考古学要做的,是**先验地**(*a priori*)把握"历史"。在这里,阿甘本回顾了伊曼努尔·康德,康德在《纯粹理性批判》(*Critique of Pure Reason*, 1781)中识别了两种不同形式的知识:"我们应该这样理解**先验的**知识,它不是独立于这个或那个经验的知识,而是绝对独立于所有经验的知识。与之相反的是经验的知识,也即只有**在经验之后**(*a posteriori*,后验的),即通过经验才可能的知识。"(1965:43)阿甘本接受了这个区分,并认为哲学考古学是一个矛盾,在哲学考古学中,我们必须试图探索思想的**先验**,但思想从来不是经验(empirical)的,故而除那些(前人)遗留给它的东西外不可能有什么起源。所以,康德只能通过思考目的,即一个作为思想目标的"纯粹理性"观念,来图绘思想的历史。所以说,哲学不可能回到过去,确定一个本原(arche),一个作为世界发展的起点的第一原则;相反,它只能通过设定思想的结构、可能性的条件——从这些结构和条件出发,探索那个思想的性质——来把握思想的历史。

在某种程度上说,阿甘本把这个矛盾当作了他自己的批判哲学任务的起点。他会选取一个同时代的难题性(problematic),比如说,难民的难题性,并思考那些结构——那个难题就是在这些结构中出现的——在这里,这些结构就是一个政治共同体和普遍而言的民族国家中各种包括和排除的观念。为真正理解当下的这个现象,提出这个问题是必要的:这个现象是怎样出现的? 这意味着试图通过倒推这个现象的发展(直到一个起源点),来发现当下的结构。所以,就难民而言,就像我之前强调过的那样,阿甘本会把这个问题追溯到亚里士多德那里,在 *zoē* 和 *bios* 分裂时,赤裸生命的诞生。这是阿甘本思想中批判和否定的部分,它想探索当下的基础,所以,对考古学家来说,"向当下撤退"(retreats back toward the present)是重要的。就像阿甘本问的那样,"我们应该怎样理解这种独特的'考古学的倒退'呢?它并不试图退入过去、'无意识'和'被遗忘的',相反,它试图回到那个点——意识和无意识、历史书写(historiography,即对历史的记录和书写)和历史之间(以及更普遍的所有定义我们文化的逻辑的二元对立之间)的两分就是在这点上被创造出来的"("PA": 222)。答案在于,要试图从这些分裂发生的那个点出发来思考当下,而永远不要退入对过去某个怀旧的或本真的时刻、对分裂之前的某个纯真点的寻求。还在想着分裂"之前",就意味着依然受困于分裂的逻辑本身。据阿甘本所言,在试图思考那个出现点的时候,我们会发现,"当下自我显露为我们不曾有能力亲历或思考的那个东西"("PA": 223)。但对我们不曾亲历或思考过的东西来说,实质是不存在的——在我们亲历或思考它之前,我们也不可能认识这样的实质。所以,试图意识到这个不曾被思考的当下的手段,确切来说就是进行源于这种考古学方法的各种形式的批判分析。就像阿甘本指出的那样,这不是把某个被压抑的东西带入意识,而是要"通过小心注意谱系研究来唤起幻想,是重新加工它(谱系)、解构它,把它详述到逐渐侵蚀它使它失去它原初的品级的地步"("PA": 225)。因此,阿甘本的思想有一个自立的逻辑和结构,尽管这个逻辑和结构在他最早的作品中还不明确。

因此,语言,作为一个源头或者说考察历史的一个手段,也就成了阿甘本的"语文学"方法的基础。正如我们即将看到的那样,特别是在 *homo sacer* 系列中,阿甘本通过词/术语的历史,来图绘概念的历史。我们在当代世界中使用某个术语这个事实,并不说明那个术语的意义是固定和恒定的。通过追溯词源,或者说,通过追溯一个词的发展,比如一个拉丁词,阿甘本可以展示,何以我们当前的意义中包含着许多过去的参照和用法,这些参照和用法有的丢失了,有的还奇怪地秘密地活跃着。就像我在导论中指出也将在本书中展示的那样,这个过程关乎挑战语言与权力之间的关系。在意识到语言在意义上有所变动和发展的时候，我们也就自动地拒绝接受和满足于任何既定的意义了。语言与言说之间的分裂造成了一个流动的状态，这个状态可以一直变动和挑战权力，而挑战的场所存在的地方，就是"人"，即我们使用和修正语言的各种方式。

阿甘本与德里达

这个把语言从"去意谓（什么）"（to mean）的命令中解放出来的尝试，在阿甘本的作品中反复凸显。这应该让我们停下来，反思一下阿甘本与雅克·德里达之间的关系。德里达是二十世纪最著名也最富争议的思想家之一，他的"解构"方法对哲学传统提出了一个激进的挑战。熟悉德里达的读者可能在关于阿甘本与海德格尔关系的评注中就已经看到阿甘本的思想与德里达本人的思想的相似性了，这个相似性使一些学者把注意力集中在他们的计划之间的亲和性上，但他们之间也存在一些惊人的差异，在这里，作为阐明阿甘本方法的一种方式，我将谈及这些差异（参见 Thurschwell 2005；Mills 2008）。和阿甘本一样，德里达也对西方的形而上学和他所谓的"在场的逻辑"（logic of presence）持深刻的批判态度。对德里达来说，思想一直惯于给言说高于书写的特权。据德里达所说，言说，从柏拉图开始，就一直被认为比书写更加直接、更加立竿见影。这根本上隐含着这样一种认识，那就是，语言没有固定的意义，而言说——我们可以说它是一种平常的交谈——则提供了更多澄清和稳定意义的机会，因为为了达成相互的理解，一个言说者可以对另一个言说者提问。书写则被视为离真实的意义更远——因为它发展共享的、交流的意义的可能性更小。

对德里达来说，如果我们考察言说和书写的历史的话，那么二者之间的二元对立是站不住脚的。接着，德里达提出了第三个术语，这个术语拒绝落回二元对立的逻辑。这些术语中最著名的,是**延异**(différance)。在法语中,**差异**(difference)和**延异**在读音上没有区别,事实上,你只能通过诉诸写作来区分二者。因此,**延异**就起到了扰乱和打断言说与书写的二元对立的作用,并因此指代了语言中固定意义的永恒缺席。然而,对德里达来说重要的是,**延异**永远不可能成为指代某种切入这个话题的新模式的词或概念,因为它永远不会固化为一个确定的意义,相反,**延异**必然一直是可重述的(iterable):

> 为使我的"书写的信息"保持它作为书写的功能,即它的可读性,它必须一直是可读的,哪怕一切普遍意义上的确定的接受者都已经消失了。我的信息必须是可重复的——可重述的——就接受者,或一切在经验上可确定的接受者的集体的绝对本质而言。这个可重述性(iterability)——(iter意为"再次",很可能源自梵语的itara,即"他者",我们可以将随之而来的一切读作那个把重复和他性绑定的逻辑的结果)构成了书写本身的标志,无论这里涉及的是具体什么类型的书写。

(1982:315)

德里达拒绝把注意力集中在言说上,而选择探索书写的历史。阿甘本在一些关键的时刻也引用过这个"文字学的"(grammatological)计划,并探索了它的哲学方法。具体而言,阿甘本想探索的是德里达的踪迹与语言的问题。就像阿甘本说的那样,"'踪迹'(trace)的概念命名的是一个不可能的符号,这个符号将在在场和绝对在场的完整性中消失……能指永远在所指的位置上"(TTR:103)。解构是一个追踪踪迹的过程,以这个标记为起点,来开始一个拆解对立的过程。那样,踪迹及其功能就是"意义的起源",然而它又显然是不稳定的,并且绝不是绝对的。它表明,意义建立在一场无限的、虚幻的游戏的基础上,在游戏中,被指示的意思永远不一致。正如德里达在《论文字学》(Of

Grammatology)中说的那样,"踪迹事实上是普遍而言的意义的绝对起源。也就是说,普遍而言的意义的绝对起源并不存在。踪迹就是延异,它开启了表象和意指"(1976:65;原书为斜体)。因此,德里达的作品力图把踪迹当作一种动摇一切意义、否定向任何僵化的思想基础回归的形式来追踪。德里达试图以这样的方式来克服在场的形而上学,他声称,后者通过背弃所指(意义)、转向能指(词)、推翻索绪尔的立场来巩固哲学。对阿甘本来说,这是一个错误的举动,确切来说,踪迹作为一种批判的方法论,并没有使我们"逆流而上"超越作为形而上学的基础的词与意义之间的原初分裂。阿甘本的论证是,我们不应该以踪迹,或延异,为破坏能指/所指(S/s)之间的区分的基础。德里达把注意力集中在"书写的形而上学和能指"上的尝试,几乎没有超越"在场的形而上学和所指"的希望,相反,他只是反转了这个区分的结构而已。阿甘本指出,"因此,S/s 这个规则系统一定会把自己简化为分界线(/),但在这条分界线中,我们不应该只看到一个差异的踪迹,更应该看到聚合和接合(articulate)的拓扑游戏"(*S*:156)。所以,在德里达的解构力图通过踪迹的游戏来破坏二元对立的同时,阿甘本却力图通过一种呈现分界线或二元之间的居间的方法,来破坏二元对立。我想到的主要差异是一个时间的和政治的差异:阿甘本在永远是内在的"聚合"(putting together)中看到了对形而上学的破坏,而解构则是一种永无止境的拆解。而在阿甘本试图解释——比如说——语言核心处的否定性,以在"同时代"中克服它的同时,解构则会试图通过踪迹来强调在场中固有的延迟和差异。阿甘本的主张是,文字学不应是"对一个文本的无限解构"(*P*:218—219)或"无限的延宕"(*TTR*:104),而应该力图为开启一种潜能的伦理学(我们将在第三章中遇到这种伦理学),而使(区分、分裂、对立)"失效"。

总　结

阿甘本把幼儿期当作一种试图面对他在海德格尔那里探索过的否定性问题的手段来探索。幼儿期是语言和话语/言语之间的分裂的基础,阿甘本想建构出一种能够把人类的历史当作一种分割的、分裂的历史来探索的批判的方法。在遭遇幼儿期问题的同时,我们也遭遇了经验,更具体地说,语言的经验。阿甘本指出,语言的经验是现代主体性问题的核心。后来,这种从他的语言哲学发展出来的方法,也以各种不同的形式——比如说考古学——在他的作品中反复出现。尽管阿甘本的这个计划与德里达的解构有相似之处,但是,它在时间性[在阿甘本这里是内在的(immanent)]上与德里达的解构不同,而且阿甘本的计划还关注来临中的共同体这个政治任务。

3　潜能与"来临中的哲学的任务"

阿甘本的思想和他应对语言中固有的否定性的尝试中的批判时刻,从许多方面来看,是在为他所谓的"来临中的哲学的任务"做准备。本章将通过探索三个关键术语,来概述这个任务。这三个术语是,潜能、非作(或无作)和来临中的共同体。放到一起来看,这些术语概述了阿甘本的思想展开的方向。重要的是,它们不是"目标",不是某种有待达成的东西,而是过程和实践,这些过程和实践在生效的时候,会为概念化政治和伦理的新方式开启空间。而这三个术语都与这个理解相关:语言是这样一个空间,在这个空间中,这些新形式的政治和伦理能够发生并对现代政治中语言的控制发起挑战。

辩证法

为把握阿甘本使我们在前面的章节中通过考古学遭遇的思想的系统和结构"无作"这一尝试的性质,有必要对辩证法和二元对立提供一个简要的介绍。尽管阿甘本最终想拒绝或挑战这些二元结构,但这点也是至关重要的:我们必须理解他所反对的那个传统。在对那个传统一无所知的情况下,我们是不可能把握到这点的,即何以他的方法是对西方哲学传统的一个回应。阿甘本想让辩证关系的生产"非作"(inoperative)，试图探索这些辩证关系，使它们失效，以达到使它们"无作"(unworkable，不可作)的目的。这个过程是一个提出哲学主张的过程，但它也是一个批判的方法。辩证法有着悠久的历史，一开始，它在古希腊哲学中被当作一个指特定论证风格的修辞术语来使用。在现代思想中，它有了康德哲学中更加具体的意思，在康德那里，它被用来描述科学力图解释以前宗教的或超越的概念的各种方式，康德相信，这个问题是没法解决的。对黑格尔来说，现代的理性，通过一个辩证的进程（这个进程的终点是对所有辩证斗争的终极综合，即绝对精神），完全有能力把握这些以前的超越的术语。接着，卡尔·马克思接过了黑格尔的辩证法，用它来理论化人通过各个历史阶段，最终走向一个共产主义的乌托邦的发展。尽管这些版本的辩证法各不相同，但它们都形成了阿甘本在使用辩证方法时提及的那个智识背景。

辩证法的进程是这样的：提出命题，命题引出反题，最终形成新的综合（通过论证说，我们可以通过创造一个综合了前两个立场、得到一致同意的新立场，来解决那两个对立的立场）。黑格尔和马克思都曾用这个论证结构来解释历史的进程。在这里，指出这点是重要的：俄国哲学家亚历山大·科耶夫提出的那种对黑格尔辩证法的理解也很重要。二十世纪三十年代，科耶夫在巴黎做了一系列的讲座，这些讲座的内容后来结集出版为《黑格尔导读：〈精神现象学〉讲座》（*Reading of Hegel: Lectures on "The Phenomenology of Spirit"*）。在这一系列的讲座和后来的出版物中，科耶夫呈现了一个在很大程度上说是唯物主义版的黑格尔，在科耶夫的黑格尔那里，对绝对精神这个神学总体的追求，被一个更加唯物主义的观念——"历史的终结"——所取代。在阿甘本看来，"历史的终结"力图"拉平'弥赛亚'"（TTR：101）。一些当时法国最重要的思想家，包括让-保罗·萨特、雅克·拉康、乔治·巴塔耶和莫里斯·梅洛-庞蒂都参加过科耶夫的讲座，科耶夫的讲座也影响了法国和美国接下来两代人对黑格尔的解读。对科耶夫的黑格尔来说，人的历史是冲突的历史,在这样的历史中,人们为获得承认,或更具体地说,为获得那个承认的欲望而彼此斗争。这表现在著名的主-奴辩证法中:人为获得承认而彼此斗争,结果一方通过权力逼对方屈服,让对方承认自己是主人。不过,这个立场并不能使任何一方满意:主人不想被比自己低下的人承认为伟大的,而当然,奴隶也不会为他们的低下地位而感到幸福。所以,双方为获得承认的斗争会继续下去,这个冲突推动着人的历史前进。在这里,同样值得指出的是,科耶夫通过主-奴辩证法对黑格尔的唯物主义重述,引出了一种对作品的观念及作品与权力的关系的强调,在我们回到统御阿甘本切入辩证法的进路的"非作"时,这点很重要。

尽管以上只是对辩证法的基本理解,但它应该给了我们理解阿甘本在自己的思想中如何使用和颠覆辩证法的结构的基础。辩证法通过使一个力/形式和另一个力/形式对立来解释历史的发展这个事实是重要的。这种二元形式的思想,创造出一种在某种程度上说是机械论的、有限的对历史、人的关系等的理解。它也是目的论的,意思是,它提出了一个"终极目标"(*telos*),一个它为之而努力的目标:绝对精神、历史的终结、乌托邦等。目的论的思想模型想从未来解释过去;而阿甘本则想通过理解过去,来为当下开启激进的可能性。阿甘本用这些二元的或者说辩证的结构来总结一系列不同的现象。但他指出,特殊的辩证进程的运动,往往以"原初的"或根本的分裂为特征。接着,阿甘本会在当下中识别出某种那个分裂"生产"出来的东西,一个看起来是相关现象的反题的产物,然后在谱系上从当下向前回溯,以发现在根本的时刻,辩证法不可能的腐化。

因此,阿甘本是一位辩证法的思想家,因其对观念的历史运用辩证的理解,图绘各种概念的发展。但很难说他是对历史的目的论理解的支持者,他不曾给这种前进的运动以积极的品质。正如我在导论中指出的那样,他探索观念的结构和建筑,只是为了破坏它们,以意识到一个新的当下。阿甘本使用辩证的方法,不是因为他由于相信辩证的方法会带来一个新的未来而更喜欢这种方法,就像马克思或黑格尔在提出各自的"历史的终结"的观念时所做的那样。相反,阿甘本使用辩证的方法,是因为我们的文化为各种各样的二元所支配,而阿甘本则力图用这些二元来构造他的批判的方法论。尽管在阿甘本的思想的基本结构——特别是"语言是存在之家"的观念——中,我们可以看到海德格尔对他的影响;但他对结构的破坏,则更多地受到了瓦尔特·本雅明的影响。

瓦尔特·本雅明与阿甘本的方法

正如我已经提到过的那样,瓦尔特·本雅明对阿甘本的思想影响很大,而探索本雅明对哲学方法的理解及其对历史的理解,对把握阿甘本的思想来说,也是必不可少的。本雅明于1892年出生在柏林的一个犹太中产阶级家庭。他在弗莱堡和柏林的大学学习,并最终完成了他的论文——写于1919年,并于1920年以专著的形式出版——《德国浪漫派的艺术批评概念》(*The Concept of Criticism in German Romanticism*)。这部密实而(相对)枯燥的作品,考察了浪漫主义中期耶拿文学圈的写作,聚焦于诺瓦利斯以及特别是弗里德里希·施莱格尔在《雅典娜神殿》(*Athenaeum*)上发表的断片。本雅明的论文把这些观念的出现标绘为对费希特哲学的回应,他认为,浪漫主义在发展一种聚焦于断裂的、无限的、救赎形式的自我的哲学时,开启了一种永久的批评和自我反思的可能性,后者给哲学和文化生产带来了各种暧昧的可能性。可以说,完满的无限这个概念,对本雅明后来关于历史的构想来说是重要的,对阿甘本自己的作品来说也一样。事实上,阿甘本在许多地方提到过耶拿学派,德国浪漫派对阿甘本的影响也是一个值得研究的问题。

在完成这篇学术作品后,本雅明进而写了第二篇关于 *Trauerspiel*,

或者说十六、十七世纪的德国悲苦剧的专题论文。从这个相对常规的起点出发,本雅明生产出一部原创性惊人的作品,他以广阔的哲学眼光,考察了巴洛克艺术的性质及其与历史的关系。在导师的建议下,本雅明没有提交这篇论文,因为在传统而保守的学界,这篇论文是一定没法通过的。接着,本雅明离开了大学系统,转而从事新闻行业和广泛的文化批评。《德意志悲苦剧的起源》(The Origin of German Tragic Drama)这部本雅明激进的文学批评之作,在阿甘本的作品中占有一个经常不被承认的位置。许多评论家倾向于通过《暴力批判》("Critique of Violence")这篇重要论文和本雅明最后的作品《历史哲学论纲》("Theses on the Philosophy of History"),来探索本雅明对阿甘本的影响。然而,从方法和更大的关于批判哲学的任务这一问题的角度来看,《德意志悲苦剧的起源》肯定是在探索本雅明与阿甘本的关系时必须考虑的一个核心文本。这个文本对阿甘本的重要性主要在于它的批评方法。简要叙述这个方法,将有助于解释阿甘本作品的一些显著特征。阿甘本明确提到了它的重要性:

> 对试图通过"普世的进步诗"来废除诗与批判-哲学学科之间的区分的耶拿团体来说,名副其实的批评的作品,是包含对它自身的否定的;因此,批评的作品的本质内容,确切来说,就在于它不包含的东西。在当下这个世纪的欧洲批评论文中,你几乎找不出几个这种文类的例子……严格来说,称得上批评的书,也许只有一本,那就是瓦尔特·本雅明的《德意志悲苦剧的起源》。

(S:xv)

但批评的作品包含对它自身的否定,是什么意思?阿甘本称,批评是由诗与哲学之间的分裂生产出来的(我们还会在第六章中进一步探索这点)。批评的目标是通过帮助人们意识到"语言除其自身外什么也不传达",来提供一个对它自己的否定。如果你还记得上一个章节中概述的哲学考古学模型，那么你就会理解真正的批评的目标，是使作为其基础的那个（诗与哲学之间的）分裂的时刻失效。所以，批评的作品力图发现那个分裂的性质，以达到否定批评的观念本身的目的。

本雅明的书臭名昭著地任性，而这个任性，在很大程度上，源于它的形式。阿甘本本人也指出，这本书虽然难，却是本雅明最重要的著作之一："这当然是本雅明作品中最不受欢迎的一本，但它也许是唯一一本他在里面实现了他最深刻的意图的书。"（S：139）本雅明把作品概念化为一幅拼贴画，其中个体的片段，比如说句子，必须被看作一个整体的一部分。不过，你不能通过试图把握抽象，而只能通过呈现的形式来实现这点。简单说，就和读弗吉尼亚·伍尔夫的小说一样。如果有人问你在《达洛维夫人》中发生了什么——这部小说在抽象层面上的叙事运动——那么，这本书看起来就很难说是深刻，而更可能是枯燥了（女士在筹备一场派对）。但通过再现，通过她对语言、标点符号、比喻等的使用，你可以把握她作品背后一个大得多的"意义"。这个意义与其说是被讲述的，不如说是被再现的。本雅明提到了知识与真理之间的差异。知识用方法来"获得"它在意识中的对象。它通过应用特定的方法来把握某个东西——它作用于某个东西，而非从那个东西中出现。相反，真理追求"自我-再现"，它是"内在的"（immanent）。这个术语很复杂，但它出自康德，在康德那里，他区分了内在的和超越的（transcendental）原则：前者是宇宙中在场的某物的领域，而后者则在世界之外，是为了解释经验而被预设出来的。所以，超越的原则在它力图理解的对象外设定了一个指导原则，而内在的原则，则内在于其对象。

所以，如果说本雅明的方法是内在的，那么，这是因为它在文本自身中呈现真理，而不是通过某个抽象的、统御性的原则来为之。所以，在某种意义上说，本雅明的作品不可能有"钥匙"，因为它不是传统的哲学。它也不能希望像诗一样，在不明所以的情况下把握语言。相反，它必须通过呈现（句子、结构），来揭示文本的真理。正如本雅明在断言这

个专论的性质时说的那样:

> 它的方法本质上是再现。方法是一种离题。作为离题的再现——这就是这篇专题论文的方法论性质。缺乏一个不间断的、有目的的结构,是它的主要特征。这个思想过程不知疲倦地制造新的开端,以一种迂回的方式回到它一开始的对象。这个持续的"停下来喘息",是沉思过程专有的模式。因为通过在对一个单一对象的考察中追究不同的意义层面,它既得到了再次开始的动机,又得到了节奏不规律的理由。就像拼贴画虽然碎裂为多变的微粒,却依然保持着它的庄严,哲学沉思也不乏势头。

(1998:28)

拼贴画"多变的微粒"有点像阿甘本自己在《散文的理念》等作品中的碎片化反思。因此,阿甘本的大部分作品的离题性质——我在导论中已经指出了,像罗斯那样的评论者猛烈批评过这点——完全是阿甘本采用的本雅明式的批评必不可少的一部分。这里重要的不只是写作的过程,它也是一个阅读的问题,因为如果你不能逃向文本的逻辑预设,那么文本就必然一直处在一个被写作的过程中,因为每一次阅读,都会生产出一个新的文本。这也许解释了本雅明为什么要用"内在的"这个词来描述真理在作品中的出现。真理就在作品中,并且永远可以从作品中出现,但它不可能被给定。乔治·斯坦纳(George Steiner)这样总结本雅明处理原始文本的方式:"真正的批评家-理解者,即这样的读者——他的阅读续写了他之前的书页持续的生命——会把他的认识表演出来,创造出一个对原始文本的说明的、促进的反驳。"(Steiner in Benjamin 1998:21)因此,这种形式的"真正的"批评表演而不解释,再现而不被呈现。试图进入阿甘本的作品的读者,应该记住内在的再现这个观念。如果意识不到这点,你就会面临这样的风险:试图把分析模型强加于文本,而不是允许它们从文本中出现。也许,这也解释了为什么这么多的批评家不顾语境地解读阿甘本,强迫他进入外部的诠释框架,而不是试图从内部来把握其作品的运动。

阿甘本与历史

除一种特定的批评方法论和风格外,阿甘本还吸收了本雅明关于历史的重要理论思考。这方面的讨论巩固了我们在前面那个章节中涉及的,与哲学考古学和经验相关的历史观念。历史一直被认为是一个向前延伸、向一个无限远的点前进的连续体。因此,历史必定永远是从当下回顾过去,而当下的特殊构造,则创造出各种回顾过去的手段。"历史永远是由胜利者书写的"这个习语的根源,就是这个模型。对本雅明以及阿甘本来说,这个历史模型未能探索历史知识的,或者更普遍地说,历史书写的基础,而只是通过当下的霸权逻辑来探索过去而已,因此,为实现潜能,帮助我们回到一个新的当下,我们必须拆解这个模型。在写作关于浪漫派和悲苦剧的作品之前,本雅明就发展出他的这个"逆流梳理历史"(brushing history against the grain)的方法了。本雅明在发表的第一篇文章《论学生的生活》("On the Life of Students",1915)中提出了其另类史学的梗概。这也是一个关于本雅明当时处在萌芽期的批评方法明显而简洁的陈述,因此值得在这里长篇引用:

> 有一种历史观把信仰放到了时间的无限上,因此,它只关心人和时代在沿着进步的道路前进时的速度,或这个速度的缺乏。这与它对当下要求的一种特定的连贯性和严密性的缺席,是一致的。以下评论则相反,勾勒出这样一种特殊的境况:在这里,历史看起来集中在一个单一的焦点上,就像传统上,我们可以在哲学家的乌托邦意象中看到的情况一样。这个终极境况的元素不会表现为无形式的进步倾向,而是以有创造力的心智最濒危、最受斥责和最荒

> 谬的观念与产物这一形式，深刻地植根于每一个当下。历史的任务就是揭露这个内在的完美状态，并使之变得绝对，使之在当下变得可见、变成主流。这一境况不可能通过务实地描述细节（制度、习俗等的历史）来把握；事实上，它逃避这样的描述。相反，我们的任务是，把握它的形而上学结构，就像把握弥赛亚的领域或法国大革命的理念那样。
>
> (1996：37)

这段话以戏剧性的方式，表现了本雅明对一种"另类的"切入历史的进路的理解。在这里，重要的与其说是过去，不如说是当下。这不是什么致力于为恢复"准确的"历史记录而发现过去的乏味且形式化的历史主义。相反，在这里，问题在于"把握"历史的结构，这个结构是包含在经常被历史叙事遮蔽的权力装置中的。但这个"把握"还不是活动的终点，相反，在本雅明的方法意图发现的当下中，有一种内在的"揭露"。这种关于批评的方法论的描述和我之前在讨论考古学时概述的阿甘本的方法论惊人地相似。不过，为把握二者之间的相似之处和一些差异，有必要稍微深入地考察本雅明的历史哲学。

在生命最后的岁月里，瓦尔特·本雅明越来越专注于他的巴黎拱廊计划，他不知疲倦地展开工作，他的研究笔记写满了好几个笔记本，总数多达数千页。同时，他也发展了他的历史哲学的弥赛亚元素。《拱廊计划》(*The Arcades Project*)按出版的形式来看，大约有三千个片段，其中很多是哲学、历史、小说和经济领域的文献引文，中间穿插着本雅明自己的理论反思。这个文本因而分为几个围绕主题来组织的"回旋"(convolutes)，其中，对我们的讨论来说最重要的是题为《论知识理论、进步理论》的回旋N。也正是在这里，本雅明阐发了他对辩证意象的著名表述。《拱廊计划》，特别是回旋N，与马克思唯物主义的历史概念密切相关。正如本雅明断言的那样，"马克思揭示了经济与文化之间的因果关联。对我们来说，重要的是表达的线索。将被呈现的不是文化的经济起源,而是经济的文化中对经济的表达"(1999:460)。但阿甘本在多大程度上沿用了本雅明唯物主义的历史概念还是可争论的。

尽管阿甘本肯定吸收了本雅明使用的方法论,但他与支撑本雅明的马克思主义的唯物主义的关系,则更加成问题。对马克思来说,历史不是通过思想的结构,而是通过人们存在的物质条件来把握的。就像马克思在《德意志意识形态》(The German Ideology)中说的那样,"可以根据意识、宗教或随便别的什么来区别人和动物。一旦人开始生产自己的生活资料——这一步是由他们的肉体组织所决定的,人本身就开始把自己和动物区别开来。人们生产自己的生活资料,同时间接地生产着自己的物质生活本身"①(1998:37)。因此,这意味着人的存在基于活动,基于对人之存在的物质条件的创造。就像马克思说的那样,"为了生活,首先就需要吃喝住穿以及其他一些东西。因此第一个历史活动就是生产满足这些需要的资料,即生产物质生活本身"。因此,哲学的角色就是最大化这些条件,这样人们才能以最感性、最有意义的方式来经验这个行动。这也意味着,哲学必须把它的注意力转向人实际的历史经验,而不是思想的抽象概念。正如马克思著名的关于费尔巴哈的第十一个论题说的那样:"哲学家们只是用不同的方式解释世界,而问题在于改变世界。"因此,马克思的思想的焦点,是对人的物质条件以及人如何在与自然的关系中发展和改进那个物质条件的分析。因此,马克思的历史分析也变成了一种对所有人的物质条件的分析,而历史对马克思来说,也就变成了一个劳动者在这些条件的进步中,把他们的历史夺回自己手中的过程。这个历史模型的目标使马克思能够把自己从过去的僭政中解放出来。然而,如马克思理解的那样,这并不容易,因为历史控制和决定了我们的思想。就像他在《路易·波拿巴的雾月十八日》中说的那样:

---

① 马恩著作引文用的是马恩著作中文版的译文,下不赘述。

> 人们自己创造自己的历史,但是他们并不是随心所欲地创造,并不是在他们自己选定的条件下创造,而是在直接碰到的、既定的、从过去承继下来的条件下创造。一切已死的先辈们的传统,像梦魇一样纠缠着活人的头脑。当人们好像只是在忙于改造自己和周围的事物并创造前所未闻的事物时,恰好在这种革命危机时代,他们战战兢兢地请出亡灵来给他们以帮助,借用它们的名字、战斗口号和衣服,以便穿着这种久受崇敬的服装,用这种借来的语言,演出世界历史的新场面。
>
> (Marx, with Engels 1983: 398)

本雅明接受了马克思对把当下从过去的奴役中解放出来的认识,而阿甘本也以一种修正的形式接受了这种认识。但在本雅明力图把他对历史的理解建立在过去的物质踪迹的基础上的同时,阿甘本坚定地致力于在物质条件之上运作,超越那些条件的结构——政治的、本体论的、认识论的、司法的,等等。阿甘本和马克思及更宽泛的马克思主义之间的确切关系当然是一个需要更多研究的话题(详见 de Boever: 2009)。但在这里,这么说就够了,阿甘本的本雅明被赋予了特殊的曲折变化,这些变化既揭示了阿甘本的方法与哲学基础,也揭示了本雅明的方法与哲学基础。

但本雅明对历史的理解,除唯物主义外,还有一个焦点:它不只聚焦于探索过去的方法,更聚焦于在当下再现那个过去。对过去的再现和辩证意象的形式为阿甘本对本雅明的解读提供了一个也许是最重要的交点(intersection),而就像上文讨论的那样,这个焦点也表明了本雅明更广泛的方法。对本雅明来说,问题不只是把握这些过程,问题还在于再现它们。众所周知,本雅明宣称,"这个计划的方法:文学的蒙太奇,我不需要说什么。只是展示。我不会盗用宝贵的东西,也不会把巧妙的表述据为己有。但这些破布,这些废料——我不会清点它们,而是允许它们以唯一可能的方式起作用:通过使用它们"(1999: 460)。与这个呈现模式天然相关的,是过去与当下之间的关系。对本雅明来说,我们是特定传统的产物,是出现过的多种可能性中的一种。辩证的历史学家的任务是,通过对当下呈现它是何以至此的,以及历史上的特定时刻是如何被否定的,来把当下从那个传统中唤醒。所以《拱廊计划》也就变成了一个为强调各种生产与消费模式的诸多缺陷,而试图在过去中发现政治经济发展中的连续体和变幻不定的商品在那个经济中扮演的角色的努力。就像蒂德曼说的那样,"本雅明在一个发展中的资本主义的各种生产力生成的发明和创新越来越快速的过时中,发现了'早期现代'的签名"(1999:932)。对这种历史哲学的贯彻,将是一个随辩证意象而来的领悟的时刻。就像本雅明说的那样:

> 不是说过去照亮了当下,或当下照亮了过去;相反,意象是在那一点上,于刹那间与现在会合形成一个星丛的那个东西。换言之,意象是停顿的辩证……只有辩证的意象才是真正的意象……而人遭遇辩证的意象的地方是语言。"觉醒"。
>
> (1999:462)

这段话包含本雅明的历史哲学的许多元素,而"觉醒"这个术语或许也明确了他的计划的方法和目标。在这里,这点也是重要的:语言,是人发现辩证的意象的地方。在理解阿甘本使用辩证的方法的方式时,致力于使辩证停顿的"辩证的意象"这一概念,是至关重要的。本雅明在很大程度上,把他的方法集中使用在历史研究上,而阿甘本则在更加广泛的意义上,使用了这个使辩证对立的力停顿的想法。因此,辩证的意象可以是语言、视觉再现、司法情境等中的时刻,在这个时刻,我们可以看到这些对立的双方彼此照亮,并——这点是关键——使它们"非作"。

非 作

尽管在阿甘本的作品中,使辩证的对立项停顿的例子很多。但在这里,我要把注意力放在一个例子上,那就是人/动物的区分。这个对立对阿甘本来说至关重要,因为它引出了一个不但支撑着我们和动物"他者"的关系,也致力于把一些人类学的品质决定为与生俱来的或者使这样的品质自然化,并与此同时涉及权力关系的"人"的观念。在他的小书《敞开》(*The Open*)中,阿甘本在开头就提到了一个种类的辩证意象,一幅出自一部十三世纪希伯来语《圣经》的彩饰画,在这幅画中,在审判日后,义人被再现为有动物头颅的人。阿甘本进而用这个隐晦的意象,探索了何以一直以来,西方思想的"人类学机器"总在力图给人高于动物的特权。对阿甘本来说,*homo sapiens*(智人)的人类学定义本身就是"生产对人的认可的机器或设备"(*O*:26)。阿甘本认为,这架机器必然同时排除和包括,把人和非人、人和动物弄得就像不是对立的,而是被同一个力图定义它们的逻辑所统御那样。尽管这看起来可能有一点隐晦,但在第四章中,在我们考察阿甘本的 *homo sacer* 的形象时,这点就会变得更清楚了,这一形象也为同样的排除的包括(exclusive inclusion)这一逻辑所统御。

但在这里,需要注意的是,这架由人的生命与动物的生命之间的二元对立构成的机器生产出来的,严格来说既不是人的生命,也不是动物的生命。相反,它生产的是第三种形式的生命,**赤裸生命**(bare life),后者动摇了这架机器。在这里,这点是重要的,即阿甘本没有提出超越这个区分的第三项。相反,他援引的是停顿的观念:"既不是人掌控自然,也不是自然掌控人。也不是用一个将代表人与自然的辩证综合的第三项来压抑二者。相反,根据本雅明的'停顿的辩证'的模型,在这里,起到决定性作用的只是'之间'、间隔、或者,我们可以说,两个对立项之间的游戏,它们在不吻合中形成的直接的星丛。"(O:83)对阿甘本来说,在这样的场合中,问题是我们怎样才能使机器"失效",或者在另一个意义上说,我们怎样才能识别和注意到这个"之间"。问题不在于选择动物的生命还是人的生命,问题在于试图使机器"非作",使它停止工作。

我们将反复遇到的用来表示这个"机器"的停转的关键术语之一,是非作,或意大利语的 *inoperosità*。这个术语可以更加字面地翻译为"无所事事"或"不活动",但这两个意思都没法传达伴随活动的潜能而来的被动性的奇怪意义。更接近这个术语的原意的翻译,是法语的 *désoeuvrement*(无作),在《敞开》和后来的《剩余的时间》中,阿甘本把无作和非作放到一起用。这个术语也有怠惰的意思,但这个意思很难被翻译出来(详见 Franchi, 2004)。在战后的哲学中,这个术语的使用可以追溯到亚历山大·科耶夫和乔治·巴塔耶,二十世纪五十年代,二人曾就其含义展开辩论。后来,法国小说家和哲学家莫里斯·布朗肖也使用过这个术语。在布朗肖的《不可言明的共通体》(*The Unavowable Community*)的前言中,皮埃尔·乔瑞斯(Pierre Joris)对无作的英文翻译进行了延伸的讨论。没有一个英文词能真正传达这个法语词的意义,而乔瑞斯也有些好玩地指出,"盎格鲁-美利坚文化的清教冲动"封锁了"给工作的阙如这个概念附加一个积极的、主动的含义的可能性"(1988:xxiv)。正如我们可以看到的那样,"无作"是 oeuvre 或作品这个词的反语,所以它看起来是一种非工作,或一种不工作,惰性,对工作的缺乏。布鲁斯·鲍(Bruce Baugh)在《法国的黑格尔》(*French Hegel*)中,用"诗的废止"(poetic undoing)来翻译巴塔耶关于超现实主义的论文中的这个词,我认为,不要忽视**无作**和非作严格来说的文字形式也很重要。(2003:76)不过,对让-吕克·南希和阿甘本来说,**无作**还有一个严格来说是"政治的"形式。就像南希说的那样,"在布朗肖所谓的**无作**中,共同体取代了必然性……共同体是由对单个性的扰乱,或者说,由对单个的存在之所是的悬置的扰乱构成的。共同体不是他们的作品，它也不以他们为自己的作品，沟通也不是作品……沟通是社会的、经济的、技术的、制度的工作的不作"(转引自 Joris 1988：xiv)。这段话充满了联想，可以让我们想到阿甘本与二十世纪七十年代意大利的自主主义运动的沉默的联系。但它也允许我们思考何以主流、霸权形式的工作(在这里我们不应该想到劳动，而应该想更普遍意义上的作为生产和制作的工作，一个可以用于系统而不是个人的行动)是可以被拆解的，并思考拆解的各种政治可能性。

意义的增殖都指向了一个主动和被动之间的张力，这个张力，对阿甘本来说也是关键。看起来，通过把**无作**和非作连在一起用，阿甘本也指出了这个术语的暧昧：它同时具备行动和不行动的潜能。但要在阿甘本自己的作品外找"非作"的具体例子又是一件成问题的事情。有一种诱惑，是把"非作"这个术语和二十世纪七十年代意大利的工人运动，不然就是和1968年5月的情境主义国际的政治联系起来。但是，在引申阿甘本的作品上，我们应该谨慎。阿甘本的作品不是历史学家的作品——他也在《什么是范式？》(2002，"WP?")中明确了这点——并且他也不愿意勾勒和识别"真实的"历史实例。"例子"在阿甘本的作品中，更可能是从哲学的、政治的和宗教的文本中出现的。阿甘本采用这种我在导论和本章中强调过的特别的方法论的原因有很多，但记住这点是有价值的，即在保持一致内在性、绝不向现实性过渡的非作中，有某种重要性。

潜　能

与非作的非工作或不工作密切关联的，是阿甘本的潜能主题。简言之，潜能是这样一个原则：你永远有做某事的潜能，但你做不做那是另一回事。阿甘本为说明何以做的潜能和不做的潜能之间的悬置能够扰乱各种形式的权威和控制，研究了潜能的历史。最早表述潜能的是亚里士多德,他把潜能和现实对立起来,这个对立对西方思想来说极其重要。阿甘本想指出,潜能有两种形式,一种是驱动人类、统御那个"把它的权力强加到整个星球之上"的永不停息的运动的关键概念(P：177)。不过,阿甘本在概述何以在亚里士多德那里有两种潜能——"类的"和"特定的"——上,是非常谨慎的。"类的"可以应用于我们所有人：儿童有习得语言的潜能。"特定的"与某个有一组具体的属性/技能的人有关,这些属性和技能使他有做的潜能：建筑师有建造的潜能。阿甘本指出,二者的差异在于,儿童必须改变,习得一种他一开始没有的功能；而有某技能的人,则有使用它的潜能。"特定的"因此也就是做某事的潜能,同时也是**不做某事、不向现实过渡的潜能**。如果我们想把"类的"和"特定的"之分稍微往前推,并把它拉回阿甘本关于语言的作品中,那么我们就会开始看到不做、不向现实过渡的动力。语言,就像阿甘本指出的那样,不是某种我们自愿习得或自然就有的东西,相反,它是某种我们必须拿起来的东西。所以,有语言这个事实是普遍的,但用语言,就进入了"特定"的领域。以这样一种方式拒绝言说或使用语言——不允许它传达,使它非作——是完全可能的。

对阿甘本来说,定义人的正是这个非作或**潜在的不作之能**(impotentiality)。就像他说的那样：

> 其他有生命的存在只能拥有它们特定的潜能；它们只能做这个或那个。但人是能够拥有他们自己的潜在的不作之能的动物。人的潜能的伟大,是通过人潜在的不作之能的深渊来衡量的。
>
> (P：182)

阿甘本提供了象征这种潜能的一个图像意象,即作为一块空的书写板的思想。塞维利亚的伊西多尔说亚里士多德"用他的笔蘸着思想"。这与亚里士多德在《论灵魂》(*De Anima*)中 nous(理智)的意象是一致的：理智就"像一块实际什么也没有写的书写板"。这个意象的重要特征在于,思想不是一个物,它永远不会有具体的形式,也永远不可能向现实过渡,变成静态的。这个与书写的关联,很难说是偶然的,因为它直接与本书的上一章形成了对话。在上一章中,我们已经弄清楚了这点,即所有书写的目标,都是除它自己外什么也不表达。可那样的书写很难说只是表达,但它也不可能意味着语言的缺席。因此,语言也就陷入了一个矛盾:它怎样才能表达自己,却又不通过意指来表达呢?答案因此也就是潜能的双重否定。就像阿甘本说的那样,"背离自己的潜能,是一种没人写的绝对的书写:一种被它自己的不被写的潜能写下的被写的潜能,一块经受着自己的接受性并因此能够**不去不写自己**(not not-write itself)的白板(tabula rasa)"(P:216)。书写,或更普遍而言的语言,就是把人的注意力拉到这些矛盾上,通过一系列的缺失,意义的缺失,对表达的表达,而不是表达本身的幻象,来展示语言。

阿甘本总结说,潜能不会在向现实的运动中"消失",相反,它在现实中得到拯救并永远作为去做和不去做的动态潜能存在下去。这个潜(不作之)能(im/potentiality)的原则意味着,在阿甘本看来,没有什么是静态的或固定的。最伟大的潜能必然一直是流动的、动态的以及处在一个"生成"的过程中的(用吉尔·德勒兹的话来说)。那么,这个潜能看起来像什么呢?阿甘本反复返回的潜能的一个核心形象或者说例子是巴特比,赫尔曼·麦尔维尔(1819—1891)的短篇小说中的抄写员。巴特比的工作是华尔街法律办公室里的抄写员。在被要求完成一些除抄写文件外的任务(比如说比较文件,或去邮局跑腿)时,他的回答是"我宁愿不"。尽管这个回答激怒了他的雇主,但巴特比还是坚定地这样回应所有要求他去做抄写之外的任何工作的请求。随着故事的发展,巴特比甚至开始拒绝抄写,这引起了他的雇主(重要的是,雇主象征着法律)如此巨大的惊恐,以至于他被迫离开办公室,搬到另一栋楼去。新的租客发现巴特比还是那样,并且在他们要求他离开办公室的时候,他又重复起了那个句子"我宁愿不"。他最终被当作流浪汉逮捕并关进了监狱,在那里,他又"宁愿不"吃东西起来,在小说的结尾,叙事者告诉我们,他死了。

巴特比的回应不是拒绝(这点是重要的),而只是表示一种偏好。巴特比如果愿意,是可以做这个任务的,但他**宁愿**不做。在这里,我们应该想起,非作也不是彻底的摧毁,而是"使……停止工作";而巴特比的偏好在很大程度上,也使法律的结构停止了工作。最终,巴特比拒绝书写,什么活动也不承担。他在他的雇主那里引起了如此巨大的恐慌,以至于他被迫离开了他的办公室,然而巴特比还是那样,他执拗的偏好还在继续,直到他被当作流浪汉抓走,关进了监狱。在论文《巴特比,或论偶然》("Bartleby, or On Contingency")中,阿甘本指出,巴特比的回应就是潜能的典范。如果我们回想我们之前关于潜能的讨论,我们就会想起,潜能永远是做和不做的潜能。就像阿甘本说的那样,"他如此执拗地重复的那个句式,摧毁了所有在'能够'和意愿之间建立联系的可能性……它就是潜能的句式"(P: 235)。通过巴特比的形象,阿甘本用回到一场文学"实验"来说明潜能,而得以为我们提供了一个关于这个哲学主张"看起来是什么样子的"相对直接的例子。也正如阿恩·德·伯维尔指出的那样,我们可以把巴特比的"我宁愿不"读作"非作的权力"的一个索引,而所谓非作的权力,即通过拒绝服从或拒绝权力,来中断权力的功能的能力,这个概念贯穿了阿甘本的全部作品。在第五章中,当我们更加深入地考察阿甘本关于卡夫卡的作品时,这些文学形象的地位会变得更加明显。在这里,这么说就够了,即这点是至关重要的——巴特比的话保持了一种暧昧,并起到了中断法律世界的逻辑的作用,后者可以容忍(通过惩罚和起诉)彻底的异见,但在潜能向现实的过渡中停顿(法律必须在现实上操作)的时候,它就只能在废墟中干瞪眼了。

也许,反思麦尔维尔小说的结尾是有价值的,结尾处,我们的叙事者听到一个报告说,巴特比曾经在华盛顿的死信办公室工作过。我们的叙事者猜测,正是这个特殊的角色,给了巴特比那种严重的偏好:"想象一个出于天性或不幸倾向于黯然无望的人,还有什么工作比持续地处理这些死信,把它们分类焚毁,更适合加重这种倾向?"(Melville

2003：47)阿甘本指出，我们的叙事者一开始把巴特比的行动病态化的尝试是不对的。对阿甘本来说，支撑潜能的逻辑的，是最后这个巴特比的形象：

> 有时，从叠起的信纸中，这个苍白的办事员会找出一枚戒指——本该戴上这枚戒指的手指，也许，正在坟墓中腐烂；一张解燃眉之急的钞票——收到信的那个人，不用再吃东西，也不会再挨饿了；给那些在绝望中死去的人的宽恕；给那些在无望中死去的人的希望；给那些被持续的灾难憋死的人的好消息。带着生的差事，这些信却奔向死亡。
>
> (Melville 1995：47)

潜能永远关乎不做的潜能，但它也与不被写下的潜能有关，如果我们对书写板的意象进行反思的话。死信办公室指示着潜能：潜能就是那些没被送出的信，"从未发生的欢乐事件的密码"(*P*：269)。正是出于这个原因，"每一封信，在这个意义上说都是一封'死信'。在这个意义上，从从未发生的事情，而不是可能发生的事情的角度，巴特比标志着潜能。这把巴特比标记为'一个新的弥赛亚'，但这个弥赛亚来，不是要'像基督那样救赎曾有的东西，而是要救赎不曾有的东西'"(*P*：270)。就像我们将在第七章中看到的那样，在阿甘本对"弥赛亚"的理解中，拯救从来不是回到某个过去，而是试图拯救从未发生过的，"在不可救赎中拯救"(*P*：271)。

来临中的共同体

做和不做的潜能，是认识阿甘本所谓的"来临中的共同体"(the coming community)的基础。来临中的共同体对阿甘本的思想来说，可能是一个"地平线",但就像我们应该已经在关于潜能的讨论中弄清楚的那样,对阿甘本的思想来说,"目的"或终极目标是不存在的,存在的只有潜能的可能性的条件,它将永远是手段的形式,永远不会变成现实、找到目的。也许,更加细致地考察意大利语是有帮助的:*La comunità che viene*。coming 这个英语翻译的问题在于,它是动词"来"的动作,但也是一个没有明确时态的分词,有"靠近、接近"的意思,如"临近的夏天看起来会很潮湿";又有"到达、抵达"的意思,如"约翰尼来了"。所以,"来临中的共同体"会给人这样的印象:一个会在未来接近我们的共同体。这会引起一种对这个概念的误解,错将它理解为一种永恒的未来性(在这里我们应该想到阿甘本对作为"无限延宕"的解构的批评)。*viene* 在意大利语中是动词 *venire*(来)的一般现在时的第三人称单数形式,而 *che* 则是一个关系代词或一个连词。所以一个尽管笨拙却更加准确的英文标题是"the community which that comes"(来的共同体),这个译法抓住了一般现在时,而避免了一切未来的含义。对阿甘本来说,这个共同体是一个永远处在来的过程中,当下就在这里,但潜能还没有被把握的共同体。因此,"来临中的共同体"是指涉或命名众存在的集体潜能的一种方式,它指的是这样一种人类归属的可能形式,这种归属不会造成栖居的结果,阿甘本称之为气质(ethos)。但来临中的共同体是"不可预设的",这意味着它没有任何真实的属性,没有任何具体的条件。相反,阿甘本为我们提供了一系列关于这个来临中的共同体的陈述,这些陈述阐明了来临中的共同体是从我们自己时代的矛盾和难题中出现的。来临中的共同体内在于我们自己的麻烦的语境,我们不应该把它看作乌托邦思想的一种形式,一种关于我们不得不渴望的未来的思想。

共同体的观念指出了某种形式的归属。我们一般把共同体理解为有共享的属性、一起形成一个松散的集体的人群:"学术共同体""犹太共同体""足球共同体"等。这些人实际上往往互相并不认识,但因为一个以为是彼此共享的认同或一个共同的特征,而被放到了一起。将形成一个新的共同体模型的"来临中的存在",除归属本身外别无归属。阿甘本所谓的"无论是什么的存在"什么也不属于,只属于它自己。在这个存在那里,不会有任何形式的认同,也不会把自我简化为集体的存在的一个子集,有的只是一种对一切归因的拒绝。在这里,阿甘本指出,"例子"可以帮助我们把握来临中的共同体中的非认同的形式:"例子既不是特殊的也不是普遍的,它是单个的对象,它把自己呈现为自己,展示自己的单个性。"(1993, CC: 10)与此同时,它不能被放进某个共同体,相反,它永远"在自己旁边"存在,"不与任何属性绑定,也不被任何认同束缚"。例子的无形式性是重要的,因为它正好解释了为什么阿甘本的共同体和构成这个共同体的无论是什么的存在,不必然是"不可预设的"。如果它们被预先给定某种属性,那么它们就会立刻返回那种"强迫知识在'个体'的不可言说性和'普世'的可理解性之间做出选择"的归属观念了。相反,来临中的存在是"如其所是的"(such as it is)(CC: 1)。带着一种对共同形式的归属以及对要么落入认同的单个性要么落入普世主义的空洞性的"冷漠"而存在,这是将引领来临中的共同体的那种存在的境况。

来临中的共同体的不可预设性可能使它变得难以把握。你没法指着一个行动说:"对,这代表了来临中的共同体。"出于这个原因,任何直接的政治行动的例子,都是成问题的。

然而,在这里,考察共同体与传达之间的关系,以及阿甘本所说的,"当代全球资本主义的境况,使这个共同体的到来,比以往更可能了",可能是有用的。阿甘本把这个共同体归因为"非本质的共同性,一种绝不涉及本质的团结。**发生-就位,在广延的属性中传达单个性,没有把它们统一于本质,反而使它们散布于存在**"①(CC: 19)。正如阿甘本指

---

① 参见阿甘本《来临中的共同体》,相明、赵文、王立秋译,西北大学出版社2019年版,第26页:"本质各异的事物组成的共同体的观念、会同性——绝不牵涉本质的会同性——的观点,在这里是至关重要的。个别事物各就其位地发生,它们在广延属性种的联系,并不使它们在本质/所是中统合为一,而是让它们在实存中散解开来。"

出的那样，共同性也关乎某种形式的传达，也许正是在传达的层面上，我们才得以窥见这个来临中的共同体的基础。来临中的共同体的语言，或者更重要的，对这个共同体的传达（因为传达不必然是语言的），不会传达意义、不会证明价值等，相反，只会传达传达性本身。语言与共同体之间的主流关系是，为产生同胞感，一群人必须共享一门共同的语言。这是一种与民族国家的诞生和"当权的语言"的崛起相关的现代的观念。人们需要把方言和土语变成"同胞感"的语言，因此才有了标准化的英语，它是一种把几乎没有什么共同性的"联邦"分离的部分聚合到一起的手段。也许，我们可以从1861年约翰·斯图尔特·密尔（1806—1873）关于语言与民族性的重要性的陈述中看到这点。在这里，这位伟大的自由主义哲学家概述了何以语言对基层的治理来说至关重要："在一个由不同民族构成的国家，自由的制度几近于不可能。在一个没有同胞感的人群中，特别是在他们读着、说着不同的语言的情况下，对代议制政府的运作来说必要的统一的公共舆论是不可能存在的。"(1996：41)阿甘本的作品承认语言和现代的政治观念之间的相互联系："我们根本不知道人民或语言是什么……然而，我们所有的政治文化，都是建立在这两个概念之间的关系的基础上的。"(*MwE*：66)阿甘本指出，人民的观念不再有任何实质了，如今，它只是对"国家认同的空洞支持"(67)而已。他的结论揭示了，这样的语言是"黑话"，其作用是隐藏"语言的纯粹经验"。那个纯粹的经验将是新的共同体的基础，将是其传达性的基础。

在这里，指出政治理论家和先锋运动情境主义国际的"领袖"居伊·德波(1931—1994)，对阿甘本关于"来临中的共同体"的理解，以及对他更普遍而言的政治来说的重要性，是有价值的。尽管在第五章关于电影的讨论中，我们还会回到德波，但德波在攻击战后资本主义时试图破坏"景观社会"的亵渎的努力，依然是阿甘本作品一个经常没有得到承认的影响来源（详见Murray 2008）。德波指出，景观只给我们提供了一个自由和选择的幻象：我们进入它，但我们几乎没有或根本没有改变它的手段。它致力于使我们去主体化,逼迫我们顺从它无所不包的逻辑。正如德波指出的那样,"景观从定义来说,是不受人类活动影响,任何投射的评论或修正都无法企及的。它是对话的反面"(1995:17)。在景观那里没有"对话"的可能性这个事实,对德波和阿甘本来说意味着,你没法和景观交涉。就像阿甘本在《关于〈景观社会〉的旁注》("Marginal Notes on Commentaries on *Society of the Spectacle*")中指出的那样,"对于一个将其支配拓展到整个星球的社会,德波的书构成了对这个社会的悲惨与奴役最清晰、最严格的分析"(*MwE*:73)。阿甘本对全球小资产阶级的批判直接回应了德波和他的论断,即"'在世界上建立真理的使命'既不是由孤立的个体,也不是由原子化的、受操纵的大众来承担的,它——只能并且永远——由那个能够使所有阶级解体的阶级来完成"(1995:154)。我们应该把这个无阶级的阶级和阿甘本的来临中的共同体放到一起看。

就像我在导论中指出的那样,阿甘本认为当下的转变是内在于当下的。来临中的共同体的内在的抵达,不会被"同时代"压抑或阻止,而是相反,因"同时代"而成为可能。就像我们在非作的案例中看到的那样,使克服系统成为可能的,正是系统的不工作。在阿甘本看来,恰恰是"全球资产阶级"的支配,为来临中的共同体的单个存在的创生,创造了这样一个"人类历史上闻所未闻的机会"。全球小资产阶级表明,以往各种形式的阶级斗争都结束了,现在我们只剩下一个力图抹除各种形式的社会认同的单个的阶级了,结果,先前各种形式的认同的幻象也都破灭了:

> 构成地球上前赴后继的人群与世代之真伪的东西——语言或方言的差异,生活方式的差异,性格的差异,习俗的差异,甚至每个人的体质特征——失去了对他们来说的一切意义以及一切表达与传达的能力。在小资产阶级那里,构成普世历史的悲喜剧的多样性被聚到一起,并暴露在一种变幻无常的空无之中。

> (*CC*:64)

地方化形式的归属的消失和一种同质的全球文化的创生，经常遭到这样一些人的谴责，他们在这个过程中看到了对过去的破坏。对此，一种回应是回到各种形式的地方主义和民族认同、民间习俗和地方方言，以保护一种过去的"虚假的认同"。到这里，这点应该是明确的了，阿甘本不是一位设想回到起源，或以任何方式赋予过去价值的思想家，在"走向毁灭的人类"(65)面前，他看到了"无认同的单个性"出现的可能性。来临中的共同体的出现，不是将在自身中自行发生的事情。相反，它必须被引发，而这——阿甘本在他的作品中一次又一次地提醒我们——就是"我们这代人的政治任务"(65)。

总　结

阿甘本的思想，尽管其基础建立在一种以各种形式的否定性为焦点的语言哲学和形而上学的关注之上，却也延伸开去，思考了各种形式的、更具"生产性的"，对他的思想识别出的那些矛盾的挑战。我们可以通过他试图暴露二元系统的"非作"的方式看到这点。这种形式的"中断"，在某种程度上，借鉴了瓦尔特·本雅明的作品。本雅明的作品试图识别那些辩证的对立项之间关系最为紧张的点。阿甘本也从本雅明那里接过了一种呈现的模式，一种风格学：它把作品的"真理"看作内在于作品，而不是被表达出来的。这种对内在性的认识，显然也可见于阿甘本对亚里士多德的潜能观念——根据这个观念，人同时有做和不做的潜能——的使用。阿甘本指出，潜能是"来临中的共同体"的核心。"来临中的共同体"是非认同的形式，阿甘本指出，它可以从"同时代"的矛盾内部出现。通过概述阿甘本关于"非作"的政治和来临中的共同体的看法，我们也可以更加清晰地看到，何以他的思想为自己提供了各种重新思考政治的可能性。

4 政治——赤裸生命与主权权力

就像我在这本书的导论中指出的那样,使阿甘本的作品获得国际声誉的,主要是他被称为 Homo Sacer 系列的作品。这些作品——《Homo Sacer:主权权力与赤裸生命》《奥斯维辛的剩余》《例外状态》和还没有被翻译过来的《王国与荣耀》(*Il Regno e la Gloria*)①,探索了阿甘本所说的,现代生活的"生命政治"性质,通过追踪其在西方的司法和政治传统中的出现。在本章中,我们将考察支撑 Homo Sacer 的对"政治"的复杂批判,同时也会考察何以阿甘本的"政治哲学"作品与他之前关于语言的作品密切相关。在阿甘本看来,西方的政治传统把生命分裂为两个范畴,*zoe*(有生命这个生物学事实)和 *bios*(政治的或有品质

---

① Homo Sacer 全系列共 9 本书,包括:1.《Homo Sacer:主权权力与赤裸生命》(*Homo Sacer:Sovereign Power and Bare Life*),2.1.《例外状态》(*State of Exception*),2.2.《Stasis:作为政治范式的内战》(*Stasis:Civil War as a Political Paradigm*),2.3.《语言的圣礼:誓言考古学》(*The Sacrament of Language:An Archeology of the Oath*),2.4.《王国与荣耀:为了一种经济与荣耀的谱系》(*The Kingdom and the Glory:For a Theological Genealogy of Economy and Glory*),2.5.《Opus Dei:义务考古学》(*Opus Dei:An Archeology of Duty*),3.《奥斯维辛的剩余:见证与档案》(*Remnants of Auschwitz:The Witness and the Archive*),4.1.《至高的贫困:修道院规则与生命-形式》(*The Highest Poverty:Monastic Rules and Form-of-Life*),4.2.《身体的使用》(*The Use of Bodies*)。这个系列的英文版现已出齐并已有合订本,参见 Giorgio Agamben, *The Omnibus Homo Sacer*, Stanford:Stanford University Press, 2017。

的生命)。对阿甘本来说,这个过程引起了对"赤裸生命"的生产。赤裸生命是这两个范畴的居间,它标记着政治的极限点。与此同时,阿甘本质疑了西方民主的原则本身,从"反恐战争"和"生命政治"实践以及关塔那摩湾"例外空间"的出现这些角度来看,这个批判是很有力量的。

阿甘本与福柯

为理解阿甘本对主权权力的批判和对赤裸生命之地位的表达,有必要先提供一个对"生命政治"这个术语和(更普遍而言)对福柯作品的简要介绍。阿甘本从法国哲学家和历史学家米歇尔·福柯(1926—1984)那里接过了这个术语(经常与生命权力混用),福柯是战后法国最著名的知识分子之一,他关于公共卫生、性和监狱系统的书在各社会科学和人文学科那里留下了重要的影响。他和阿甘本的关系是复杂的,就像我们之前探索过的本雅明与海德格尔和阿甘本的关系一样。海德格尔和本雅明为阿甘本的思想提供了某种类似"基础"的东西,而福柯则在提出方法论的问题上扮演着同等重要的角色。阿甘本关于方法论的出版物(这些相对新的作品涵盖了考古学、范式和装置等术语)就直接提到了福柯的作品,简要地讨论福柯的作品,有助于理清阿甘本和福柯的关系。

福柯的作品关心的是对思想的系统和结构的探索,或者说关心的是认识论,探索我们怎样获得知识的那个哲学分支。福柯早期的作品,系统地叙述了知识的组织是怎样随时间而变动和变化的。因此,其目标不是通过分析一个社会的政治系统、战争与冲突、成与败,来图绘这个社会的历史,而是着眼于一种对"社会是怎样生产知识的""更加深刻"的理解。在论文《尼采,谱系学,历史》("Nietzsche, Genealogy, History")中,福柯概述了何以这个过程不只关乎对系谱的追踪,也关乎对一系列变动、变化、踪迹生产出来的当下的探索：

> 谱系学不与物种的演化相似，也不图绘人的命运。相反，追溯系谱的复杂过程就是使过去的事件保持它们的弥散；就是识别意外、细微的偏差——或相反，全面的反转——差错、错误的评估及引出那些继续存在却对我们来说毫无价值的东西的错误计算；就是发现真理或存在不在于我们知道的东西和我们所是的东西的根源，而在于意外的外在性。
>
> （1977：81）

重要的是，对福柯来说，这些探索不是要寻找"起源"，而是相反，试图在我们再也看不到的东西的踪迹中，发现历史关系的复杂性。与此同时，这点也就变得可见了：何以当下的理解和认识我们自己的系统，是以在今天看来很成问题的方式发展出来的。因此，谱系学要探索的，是当下的状态，它试图理解其发展，并因此挑战其主导逻辑。这种谱系学方法被称为考古学，阿甘本也经常把这两个术语混在一起用，尽管它们在福柯的作品中依然有着不那么清晰的区分。

在阿甘本对政治的理解这一语境中，我们可以看到这种谱系学方法的价值。关于权力与政治之间的关系，传统的看法是，它们关注的是对权威和控制的司法及制度的使用，而我们可以认为，权威和控制有着可识别的控制渠道——警察、军队、司法机构等。所以，权力是可见的，并经常与惩罚和安全关联；国家在平衡遭到威胁的时候行使权力（在这里，我们可能会想到可被用来控制公民抗议的军队，或监视恐怖分子，试图预防犯罪以维护安全的情报机关）。对福柯来说，这种对权力的常见理解没有考虑到现代政治使用控制和操纵的技术来使我们的身体服从，入侵我们生活的方方面面的各种方式。因此，权力在福柯那里不只是一种对动乱或潜在的动乱的可见的或景观式的回应，而是对控制的技巧与技术的使用。

什么是"生命政治"?

在二十世纪六七十年代期间,福柯在《疯癫与文明》(*Madness and Civilization*)和《规训与惩罚》(*Discipline and Punish*)等作品中探索了权力与支配最明显的形式。这些作品分别探索了现代精神病学的发展和现代惩罚制度的兴起,它们是理解现代权力形式(福柯称,现代的权力形式与以往历史时期的权力形式不同)的开拓性尝试。不过,福柯在晚年将通过走向对生命权力的考察,精练这些分析,同时也使之变得更加复杂。福柯最早是在他的研究《性史(第一卷):认识的意志》(*The History of Sexuality: The Will to Knowledge*)中提出这个术语的,该书探索了在现代政治中,国家是怎样试图控制整个人口的。问题不再是控制那些对国家稳定构成威胁的人,而是控制所有人。福柯把身体识别为这个权力行使的场所。他使用的例子很多,包括从"领土国家"到"人口国家"的变动。福柯是这样描述这个变动的:它是偏离安全(即主权国家试图通过使用武力来控制内部和外部的威胁,以达到保护——并且在许多情况下是增加——其领土的目的)的变动。在领土国家的权力模型中,国家并不关心人口,只要人民纳税并保持驯顺。福柯认为,在现代,我们走向了一个这样的模型:国家试图通过权力的技术,来控制人口。比如说,现在,国民的健康也成为主权权力关心的问题了。健康的人口是受控制的人口,而医学的制度化、疫苗的使用、治愈和预防疾病(而不是排除不健康的人)的趋势,则标志着这样一个国家的到来,这个国家关心作为权力之场所的身体。在这里,通过观察和建模的社会科学来监控人口,代表着一种更加和善却更加险恶的对权力的使用。就像福柯说的那样,

> 在十九世纪,人们开始通过一群被构造为人口的活生生的人

特有的现象(这些现象包括健康、卫生、出生率、寿命、种族等),来使治理的实践遇到的问题理性化……在我看来,这些问题和那个政治理性的框架是分不开的,它们就是在这个框架内出现并发展出它们的紧迫性的……在一个渴望获得法律主体的尊重以及渴望确保个体的自由事业的系统中,人们怎么会去考虑"人口"的现象,及其特定的效应和问题呢?在那样的系统中,他们能代表什么、凭什么法规,来管理人口呢?

(1997:74)

在这里,指出这点是重要的:对福柯来说,对阿甘本来说也一样,权力不完全是负面的。这些技术提供了真实的好处,同时也带来了巨大的恶,正如福柯指出的那样:"保护生命和批准大屠杀同时变得可能了。"(转引自 HS:3)现代国家的生命政治性质,据福柯所言,是一个新的发展,这是至关重要的,而相反(正如阿甘本也将这样指出),生命政治严格来说不是现代的。在福柯的叙述中,古希腊人认为政治是与人的生命分开的。政治质疑了生命的观念,事实上,政治把生命排除到它的领域之外,以追求"美好生活"。对福柯来说,把生命纳入"政治",构成了现代的"政治"观念,标志着一个与过去的各种政治传统的根本的决裂。

阿甘本对生命政治的叙述提供了一个对福柯的概念的修正。就像他在 *Homo Sacer* 中说的那样:

> 必须修正,或至少补全福柯的论题……决定性的事实是,随着例外变成了常规,赤裸生命的领域——它在一开始的时候,位于政治秩序的边缘——也逐渐开始与政治的领域重叠,而排除与包括、外与内、*bios* 与 *zoē*、权利与事实也进入了不可简化的不可区分的区域……在边界开始模糊的时候,栖居于那里的赤裸生命也就在城市中解放了自己,并变成政治秩序的冲突的主体和对象,变成了

一个既用于组织国家权力又用于从中获得解放的空间。

(HS: 9)

简言之，阿甘本声称，现代的生命政治，不代表与支撑西方社会的古典政治观念的决裂，相反，它引入了这样一个点，在这个点上，排除的包括变得明显了。阿甘本称，生命（zoē）的范畴，并没有被排除到古典的"政治"（bios）领域之外。相反，阿甘本转向了主权的例外，声称在主权者或国王的这个形象身上，我们可以看到，何以把一个形象（国王）移出"政治"的领域（国王不像他的臣民一样服从同样的法律和规定）一直是可能的。接着，阿甘本指出，这个例外在政治秩序的另一端运作，于是在政治秩序中，这种做法——把公民排除到城邦之外，剥夺其政治权利以使杀死他不再非法——变得可能了。这个被阿甘本识别为 *homo sacer*，或被献祭的人的形象，是政治的范式。阿甘本因此得以通过 *homo sacer* 的形象，为西方政治提供一个谱系或一个反历史，指出现代的难民和集中营里的囚犯的形象代表了政治的极限点，并要求我们质疑那些制度（我们试图通过它们实现"美好生活"）的未来。

Zoē，*Bios*，赤裸生命

在进一步考察阿甘本是怎样讲述 *homo sacer* 的叙事之前，有必要弄清楚那本书的几个核心术语，这些术语是：*zoē*、*bios*、赤裸生命。

Zoē 就是生命。简单说，它就是存在。人、神和动物都共享 *zoē*——它是不可区分且必不可少的。它也是没有品质的，而这对阿甘本来说很关键。它先于语言和共同体而存在，因此，它是我们都出自其中的实质。

Bios，如果你愿意这么说，就是从那个实质中出现的东西。作为人，我们超越 *zoē*，而进入了 *bios* 的领域，在这里，我们试图建构 *zoē* 之

外的生活，一种集体的和有品质的生活。Bios 的空间是 polis，作为古希腊民主观念之基础的那个集体的政治空间。

注意到这点是极其重要的，对阿甘本来说，zoē 是前语言的，而 bios 则是语言的，我们可以把 zoē 标绘到声音或幼儿期的领域。阿甘本并没有说，幼儿期是一个我们可以返回的状态，我们也不能寄希望于回到一个 polis 之外、bios 之前的前政治的世界。相反，阿甘本关心的是 bios 和 zoē 之间的分裂怎样——就像在声音与语言之间的分裂中——生产出一个既有"否定"，又有（通过使之非作）一种激进的潜能的空间。

赤裸生命（或意大利语的 nuda vita，也被翻译为裸体的生命）就是被 zoē 和 bios 之间的分裂生产出来的那个东西。zoē 不是赤裸生命。尽管它们看起来相似，并且在阿甘本的文本中，有时它们甚至看起来被混为一谈，但它们共享截然不同的属性。在这里，对生命的范畴略加讨论可能是有帮助的。如果说 zoē 是生命的话，那么 bios 就是有品质的或政治的生命，一切通过给生命加上"好的"或"赤裸的"这样的属性，给生命以品质的尝试，都在远离 zoē。因此，赤裸生命存在于"政治"的领域，并且源于这样一个事实——zoē 在它概念化的时刻进入了 polis。正如在下文中即将变得清楚的那样，赤裸生命既代表了"政治"的危机，又有从内部破坏它的潜能。正如我们已经看到的那样，这个居间的空间，是阿甘本思想的特征。

主权的逻辑

对阿甘本来说，为概述作为 polis 产物的赤裸生命，有必要深入地考察主权的例外。在这里，阿甘本深受德国法学家和政治理论家卡尔·施密特（1888—1985）的影响。近年来，施密特变成了政治哲学中的一个重要人物，这在某种程度上也可以说是阿甘本作品带来的结果。施密特在二十世纪三十年代期间写了许多为国家社会主义党在德国的行动辩护、解释的著作。众所周知，施密特宣称，在政治中，例外事实上是常规。就像他在他著名的书《政治神学》(*Political Theology*)中说的那样，"例外比常规的案例更有趣。常规什么也不能证明；例外则证明了一切：它不但肯定了常规，也肯定了常规的存在只可能源于例外。在例外中，真实生命的权力突破了一架因重复而变得更加迟钝的机器的壳"(2005：15)。这个洞见是阿甘本对政治的控诉的关键。对阿甘本来说，例外并非彻底的排除（即例外被彻底排除到政治的领域之外）；相反，例外只是"被拿出来"，就像它的拉丁语词源 *ex-capere* 揭示的那样。因为例外没有被排除，而是在事实上被包括，所以这意味着政治秩序的核心是主权的例外捉摸不定的纠结形象。

主权者可以宣布"紧急状态"，有效地悬置一些法律规则，把自己放到司法者的位置上。我们可能会想到最近美国的一些例子，在"9·11"后，乔治·W. 布什总统为国家安全而援引了紧急权力。在这么做的时候，他悬置了法律正常的运作。这情况就好像是，为了维持国家的正常运转，有必要悬置司法秩序，即法律被制定、通过和生效的过程，把这些权力交到总统手中。正如阿甘本在《例外状态》中叙述这些过程时说的那样，"事实是，在抵抗的权利和例外状态中，根本的问题在于，一个本身在司法外的行动领域在司法上的重要性"(*SE*：11)。这里的要点是，司法权可以被它外面的人拿走。这当然意味着，在例外状态下，法治被悬置了，而悬置法治的目的又是为了保护法治，这就创造出一种包括的排除，通过这个包括的排除，外在于法治的（主权权力）被引入了法治，但依然外在于它。这里起作用的这个包括和排除的复杂过程，对法治的观念本身提出了质疑。如果法律是一组以保护我们集体的名义而存在的抽象独立的规则和实践，那么，对它来说，被一个党派性的政治权力入侵这个事实，就已经威胁到了它的存在本身，因为它的合法性是建立在独立性的基础之上的。

　　阿甘本对主权的例外的探索,超越了对在这里运作的包括的排除的简单识别。更重要的是,他指出,例外创造了"使法律能够有效的那个空间"(*HS*：19)。因此,用阿甘本喜欢的术语来说,例外状态是一个外与内之间的"阈限"空间,它同时使二者变得有效。为使法律运作,必须创造一个"内部"——司法与政治程序的内部——和那个空间的外部。存在一个法律之外的空间——一个既在法律的保护之外,又在它的检举之外的空间(也就是 *homo sacer* 和主权者占据的空间)——这个事实揭示了法律意义的内部。事实上,阿甘本继施密特之后指出,法律是一封没有例外的"死信"。施密特认为,正是在"人的生命中",例外才能够把法律从一系列惰性的原则,变成一种施行性的、有效的控制形式。但对施密特来说,这个转变是通过主权者的行动即主权决断发生的。在阿甘本复盘的本雅明和施密特关于例外状态的辩论中,他站在本雅明一边,也认为在例外状态下,例外和规范进入了一个不可区分的区域。例外状态之治,因此也就变得与法治不可区分。"一战"中才被人们接受为政治危机时代对法治的例外悬置的东西,如今已渗透了法律本身。

　　尽管阿甘本在"一战"、第三帝国和我们当代的政治情景中找到了现代的主权例外,但他也把它放到更长的历史中去考虑。正如我先前指出的那样,阿甘本相信,福柯研究生命权力的计划,未能有效地探索现代权力的根源。在阿甘本的作品中,主权例外在许多关键点上起作用。就像我在导论和第一章中指出的那样,阿甘本作品的标志就是谱系学和语文学,一种通过图绘概念在不同历史时期的(既是结构上的又是语言上的)发展来追踪概念的尝试。相应地,阿甘本发现主权例外可以一直回溯到古希腊抒情诗人品达。在这个运动中,他也在中世纪和罗马法中找到了主权例外。

HOMO SACER 的生产

《Homo Sacer：主权权力与赤裸生命》的很大一部分内容，是通过追溯直至今天的 homo sacer 形象来展开的对赤裸生命的谱系学研究。阿甘本回到古罗马法以研究主权的构成，在他看来，主权的构成天生就热衷于生产政治的赤裸生命。他聚焦于古代罗马法的一个矛盾——homo sacer 的形象。阿甘本详述了何以这个"被献祭的人"被剥夺了他的政治的"生命"，任何人都可以随意杀死他而不会遭到报复或惩罚，他可以被法律判处死刑，却不能被献祭。阿甘本引用了庞培·费斯都斯（Pompeius Festus）对 homo sacer 的解释：

> 被献祭的人就是人们可以根据罪行来审判的人。献祭这个人是不被允许的，但杀死他的人也不会因为杀人的罪行而受谴责；事实上，在最早的护民官法中，法律条文就指出，"如果有人按全民公投的结果杀死那个被献祭的人，那么这个行为不会被认为是杀人的罪行"。这就是为什么人们习惯把坏人或道德败坏的人称为"被献祭的"。

(HS：71)

献祭在罗马法中也是一种仪式性的惩罚或净化的形式，它和死刑还不一样。阿甘本指出，这些净化仪式依然是宗教法领域的一部分，而 homo sacer 则不能作如是观。homo sacer 属于神，因为他不可被献祭，但在某种程度上说又已经被献祭过了："不能被献祭，却可以被杀死的生命就是被献祭的生命。"（HS：82）所以 homo sacer 的死，既不算献祭，也不算杀人，这就使他同时被宗教的和法律的领域包括和排除了（在第七章中，我们还会回到从未被完全移出尘世或俗世的被献祭的领域这一观念)。阿甘本因而指出——而这也是 Homo Sacer 的关键论述之一——homo sacer 的形象,与主权者共享一个相似的结构位置,它同时是一种"双重排除",一个"献祭与杀人之间不可区分的区域"的一部分(HS:83)。为把握这个过程(通过这个过程,homo sacer 分享了既在法律内又在法律外的相似的结构位置),阿甘本引入了他在法国哲学家让-吕克·南希的作品中找到的禁止/放弃(ban/abandonment)的观念。如果主权例外把 homo sacer "拿出来",那么 homo sacer 和主权者一样,也被法律拿到了法律之外。我们不应该把被排除在法律之外看作以某种形式"外在于"法律或在法律"之外"。相反,在不给你法律的时候,你也就不能再在法律"内"了。因此,放弃,是被留在内外之间的阈限上的状态。接着,阿甘本把禁止看作"法律在自身匮乏①的情况下维持自身,在不再适用时适用的潜能"(HS:28)。因此,主权的禁止是一种关系的形式,这种形式的关系命名了这个事实:主权权力的功能,把主权者化约至和主权权力同样的阈限状态,"把主权例外的两极联系在一起的吸引和排斥的力"(HS:110)。因此 homo sacer 就是被主权的禁止捕捉的"人类受害者",它揭示了生产赤裸生命是"主权的原始活动"。这一主张的力量在于,我们中的任何人、我们所有人都有成为这样的阈限形象的潜能:"主权者是这样的人,对他来说,所有人都可能是 homines sacri②;而 homo sacer 则是这样的人,对他来说,所有人都像主权者一样行动。"(HS:84)阿甘本最富争议的主张就在于此,他认为,所有服从法律秩序的人,都有面对(通过包括来进行的)排除——被排除到政治生活之外——的可能性。

尽管福柯的作品(沉默地)坚持一个很难说协调了"权力的司法-制度的模型和生命政治的模型"的"灭点"(HS:6),阿甘本却指出,恰恰是这样一个运作中的连续体的缺失,使福柯误解了现代极权主义国家

---

① 即法律缺失。
② homines sacri 是 homo sacer 的复数形式。

中生命政治的性质。阿甘本坚持认为，通过把主权例外和 homo sacer 这两个形象的谱系追溯至它们原初的结构点，现在，我们可以理解集中营以及法西斯主义下对生命的捕捉的性质了。阿甘本从 1679 年英国引入《人身保护法》(habeas corpus)开始，图绘了现代 homo sacer 的发展。在拉丁语中，habeas corpus 这个术语的意思是"呈现身体"，是这样一种要求：让那些羁押囚犯的人把囚犯带到法庭上，以证明他们有控制囚犯的权威。它被认为是西方法律传统的基本原则之一，即嫌犯应该在陪审团那里得到公正审判的原则。阿甘本认为，这是现代生命政治的第一次实例化，在这个点上，身体明确地成为"法律"的场所。将 corpus 而非 homo 作为法令对象引入，在阿甘本看来，证明了现在身体不仅政治化了，还成了"政治"的一个新模态的基础。阿甘本声称，《人身保护法》中显露的，是对 homo sacer 的持续生产，不过这一次，略有不同，被献祭的人不再是整体或完整的了："现代民主没有废除被献祭的生命，而是把它打碎、拆解为每一个个体的身体，使之变成政治冲突中被危及的东西。"(HS：124)现在，在主权的政治主体的宣言中，总是存在被献祭的生命的踪迹。对阿甘本来说，成为现代西方自由民主国家的自由主体也就意味着可能被化约为 corpus——身体，被剥夺权利和保护。

阿甘本的现代 homo sacer 谱系的下一站，是 1789 年的法国《人权与公民权宣言》，这个文件经常被称赞为现代民主的基石。但对阿甘本来说，相反，它代表了这样一个点，在这点上，homo sacer 进入了与主权国家和领土相关的现代化身，即"把自然的生命铭写在民族国家的司法-政治秩序中的原初的形象"。尽管宣言确立了人"自然且不可动摇的权利"的概念，但阿甘本很快就看出人"生来"就有这些权利这个事实，进而把这些权利和民族联系了起来，民族这个词的词源就是 nascere，或者说诞生。结果，"赤裸的、自然的生命"，即出生这个事实，已经被纳入了政治结构的构造。现在，人变成了一个集体的主权的成员，这个主权的基础就是它宣告诞生、zoē 这一事实的能力。现在，生命变成政治的了,与此同时,生命除要么被纳入要么不被纳入一个政治的场域外,别无本质的价值了。

集中营、难民与死亡的政治

阿甘本力图发现潜伏在两个分别支撑现代法律和政治话语的原则——《人身保护法》和法国的《人权宣言》——核心处的 *homo sacer* 形象,即便他的论述非常简要,这点也是极其重要的。它的重要性在于,它使阿甘本能够证明,这些以后人们在为西方的政治-司法传统辩护时会援引的原则,在赤裸生命的生产中就已经被把握了。现在,他可以提出他最激进的 *homo sacer* 的例子了,那就是作为 *nomos*(或"政治"的空间)的集中营和作为 *homo sacer* 的难民与集中营囚犯的例子。与此同时,阿甘本巧妙地把西方文明的政治原则和现代人不可动摇的自由,与二十世纪最恐怖的事件联系了起来。在下文中,我们将追踪他对现代 *homo sacer* 的解读,以考察阿甘本何以能够声称现代政治正在"持续式微",并窥见某种有生产力的或另类的"政治"——或更准确地说,是阿甘本试探性地假设的共同体——的概念。

难民的形象,是 *homo sacer* 和主权例外在二十、二十一世纪最清晰的例子之一。难民揭示了主权权力的空间和主权例外是如何高效到无情地运作,以界定其公民的生命,把他们的生命和其他人的生命分开。阿甘本说,

> (难民是)一个阈限概念,这个概念质疑了民族-国家的基本范畴(从出生-民族到人-公民的关联),并因此为一次迟到已久的范畴革新扫清了道路,为服务于这次革新,赤裸生命不再被分离出来当作例外,在国家秩序中如此,在人权的形象中也如此。

(*HS*: 134)

把难民看作 homo sacer 使我们可以清楚地理解这些赤裸生命的形象在当代政治语境中的地位。他们不是例外的形象——那些少数没有公民权利的人,他们质疑了整个关于人权,关于何以国家或领土可以把一个成员当作共同体的一部分包括进去,何以在之后又随时可以把他排除出去的观念。因此,"人权"的观念只是一个门面。正如阿甘本在他的短论《在人权之外》("Beyond Human Rights")中指出的那样,在人们见证一个人被剥去了所有的关系,"只剩下他是人这个特定的事实"的时候,人权作为一个原则,就站不住脚了。如果说,我们都有不可动摇的"人权",那不过是意味着,我们所有人都被简化为一个纯粹的身体性的存在,和难民一样,我们也可能被主权国家排除、放弃,简化为赤裸生命。

公民的权利被移除,被简化为他们的身体性的或者说赤裸的生命,最令人震惊的例子就是国家社会主义的德国在希特勒统治下设立的集中营了。犹太人和吉卜赛人、政治犯及其他被边缘化的群体一起,被送进了这些集中营,而这些被排除在法治之外的空间,则通过行使主权权力,剥夺了他们作为这个国家的公民应有的权利。被送进集中营的犹太人被剥夺了他们的德国(和其他的)国民认同,在一个被排除到民族国家的法律之外的空间里,他们变成了没有国家的人。在集中营里,国家的法律不复存在,因为集中营变成例外空间,被主权权力的行使控制,却又没有对民族国家的公民来说可用的权利和可诉诸的法律。那些居住在集中营里的人,是完全没有政治生活的,相反,他们是赤裸生命,除身体(他们注定在自己的身体中生活)外什么也不是。

在集中营里,阿甘本看到了一个完全的生命政治空间的所有特征,这个空间是这样一个终极的点,在这点上,主权例外为彻底毁灭政治的主体,为用一种彻底生理和生物学形式的控制来取代政治的主体创造了空间。阿甘本详述了像 VPs(Versuchspersonen,他翻译为"人类实验品")那样的计划。VP 们承受过度的气压,喝盐水,持续地浸入冰冷的水。科学家和医生会对他们进行长期的监控和检查,以查明在不带来负面影响的情况下,他们可以把自己的士兵逼到怎样的极限。在这里,对主权者来说,VP们除一种纯粹赤裸的、生物学的生命外,什么也不代表,他们因此揭示了生命政治的极限点。

喻示当代世界中的生命政治

集中营囚犯,或在战后时期没有国家的难民的形象无疑是强大的,他们随身携带着各种关联和各种形式的文化记忆,这些东西使他们有所负载。而他们在阿甘本的作品中的显著地位,也不可避免地引出了许多喧哗的讯问和简化的总结。最常见的例子之一就是"阿甘本说,我们都可能是没有国家的难民/homo sacer"。的确,确切地说,阿甘本的文本中也不乏这样的阐述,并且,严格地说,它也不算误读。

就像阿甘本在 Homo Sacer 的结论中说的那样:

> 被献祭性是在当代政治中依然在场的一条逃逸线,这条线向越来越大、越来越黑暗的区域移动,直到抵达最终与公民的生物学生命本身重叠的那个点。如果说今天不再有任何清晰可见的被献祭的人的形象,那也许是因为我们所有人实际上都是 homines sacri。

(HS:114—115)

到这里,读者不可能看不到这点,即作为一个主权例外、主权悬置法律的空间的集中营观念,与近来全球政治中的一些事件产生了惊人的共鸣。我们被告知,"后9·11"世界与之前的世界截然不同了。"反恐战争"不同于以往的任何一场战争:它是在真正的全球层面上(在这个层面上,任何地方都可能成为战争的剧场)进行,针对一个不可知的敌人,被预计为无止境的、没有时间限制的战争,一场"我们"永远没法宣布打"赢"的战争。这个勇敢新世界要求采取新的措施，来针对新的威胁进行新的防护。这种新的语言指出，旧有的权利观念不足以保护我们了，这就导致了对我们的权利的反复侵蚀，而表面上，侵蚀的目的又是保护这些权利和原则本身。阿甘本关于政治的作品的力量在于，它能够在我们当前的"例外状态"中识别出一个深刻得多的逻辑。在许多人还在讨论这些措施在保护我们的人权上的有效性时，阿甘本已经能够指出一种关于例外性和生命政治的话语了，这种话语有一个悠久而复杂的传统。

阿甘本的小书《例外状态》的意大利版于2003年出版，英语版则于2005年出版，这本书恰逢这样一个时代：许多人开始探索他对西方政治的批判，把他的批判当作理解关塔那摩湾等诸如此类的现象及其背后的引渡程序的手段。这本书开篇就讨论了司法秩序与生命之间日益含糊的空间，以及司法-政治装置日益增长的权力，此权力以越来越令人不安的方式，用"例外状态"来质疑法治的普世性质。就像他说的那样，"例外状态作为这样一个原始结构——在这个结构中，法律通过悬置自己，而包含了生命活体——的直接的生命政治意义，清晰地出现在美国总统于2001年11月13日发布的'军事令'中，这个法令授予特别军事法庭（区别于为战争法而设的军事法庭）'无限拘留'和审讯有参与恐怖主义活动嫌疑的非公民的权力"。阿甘本紧接着说，"布什总统的法令的新颖之处在于，它从根本上抹除了个体的法律身份，因而生产出一个在法律上不可命名也不可分类的存在"（SE：3）。但阿甘本展示的这个新，在我们把它放进先前的"例外状态"的谱系（包括革命期间的法国，"一战"中普恩加莱总统宣布的永久例外状态，以及，当然了，1933年希特勒对魏玛宪法的悬置）中去看的时候，就只是表面上的新了。作为例外状态史上的新发展，那些被关押在关塔那摩湾的人的处境，需要我们将之和之前的先例比较，阿甘本也乐于提供信息："唯一一个可以与之比较的东西，是纳粹集中营里犹太人的法律处境，他们在失去了他们公民身份的同时，也失去了一切法律身份。"（SE：4）拿任何当代的实例来和大屠杀做比较，显然是骇人听闻的，但为了"公正"地对待阿甘本的作品，回忆这点是有价值的：他不是轻易提出这些主张的，支撑这些主张的是他对他在当代看到的结构逻辑的清晰表达。

反恐战争与国家的暴力

国际政治中已经有许多作品探索过，我们的时代是怎样日益瓦解那些统御我们的政治系统的原则的。让我们来考察一个例子。2005年7月，琼·查尔斯·德·梅内塞斯在伦敦南部的斯托克维尔地铁站被射杀这件事情，及时地提醒了我们，在定义我们当代地缘政治的"反恐战争"中，无数人面临的危险。梅内塞斯被登上地铁的反恐军官击毙。当时，人们相信他就是侯赛因·奥斯曼，后者是当天早些时候伦敦运输网络上一系列未遂的爆炸案的嫌疑人，这一系列案件又被认为与两周前的7月7日爆炸案有关，在这个案件中，恐怖分子对地铁和公共汽车发动的四次袭击杀死了至少五十二个伦敦人，并炸伤了七百多人。梅内塞斯是巴西公民，他与任何恐怖主义活动都没有任何关联，看起来他只是在错误的时间，到了错误的地点。伦敦警察厅厅长称这件事情为"悲剧性的失误"。

尼克·沃恩-威廉斯指出，我们不应该把这个事故解读为"失误"，相反，我们需要把它放到更广泛的"9·11"的安全政策的视域中来看。伦敦警察厅特别行动组在枪击案件发生七个月前引进的射杀政策，在后来导致梅内塞斯死亡事件的事态发展中，是一个关键的决定。尽管之前，警察也可以拦下嫌犯，质询他们，并且在生命受到威胁时，也可以射击他们的上半身，但在引入射杀政策后，警察就可以直接瞄准嫌犯的头部开枪了，因为嫌犯可能在身上绑了炸弹。梅内塞斯头上中了七枪，肩上中了一枪。把这说成是悲剧性的错误，就掩饰了这个事实，即在这个插曲中，是政府的政策创造了一个合法的空间，让警察可以为保护国家安全,而合法地杀戮,为保护生命,而夺走一条生命。尽管这个逻辑是在战争的规则下运作的,但它发生在世界上人口最多的城市之一,发生在一个完全无辜的人身上这个事实本身就代表了这样一个情景:"意图保护生命的机制,不仅以威胁生命,还最终以毁灭生命而告终。"这样,它是"主权权力试图在时间和空间中再生产和保全城邦政治有品质的生命的新方式"(2007:186)之一。对于分析这样的当代政治的和政治化的事件来说,阿甘本作品的好处是显而易见的。阿甘本对例外状态的理论化思考,使沃恩-威廉斯能够把梅内塞斯被枪杀这件事情标绘为一个更加悠久的传统——为保全"各种形式的主权的政治共同体"而生产赤裸生命——的一部分,并同时展现了在这件事情里有一个从根本上说"新"的东西,那就是,"生产赤裸生命的场所和方法"(2007:191)。考虑到阿甘本的方法论的概况,这在多大程度上是"新的",还可以讨论。它可能代表了"生命政治"的另一种表现,但它也是一种与先前的形式相关的表现,而正是这个与先前现象的关联(特别是与大屠杀的关联),给了阿甘本关于"当代"的作品这样的力量。

难民的形象

主权例外在致力于强化政治共同体的同时创造赤裸生命的最清晰的案例之一,是难民的案例。阿甘本写过很多关于难民的东西,所以那些在法律、政治地理学和移民研究领域的学者会参考阿甘本的作品,并不是什么奇怪的事。流离失所的人群在世界范围内的流动,从"一战"爆发开始,就一直是全球政治的一大特征了。根据阿甘本的诊断,难民标志着现代民族国家的衰落与式微,并因此变成了解体的化身,变成了这样的空间:在难民那里,国家试图在它的分崩离析面前,支撑它的完整。因此,没有国家的人是一种新的、来临中的政治的画面,是向"无论是什么的存在"的运动的一个例子。就像阿甘本说的那样,"甚至有这样的可能性：如果我们想要胜任前方全新的任务，那么我们将不得不毅然决然地、毫无保留地放弃我们迄今为止一直用来再现'政治'的主体的基本概念……并从难民这唯一的形象开始，重建我们的政治哲学"（*MwE*：16）。将难民、政府力图容纳的没有国家的人置于核心，指出了一种既完全陌生，又无疑是同时代的政治。

但在难民研究领域产生重要影响的，显然是阿甘本关于难民的作品中的诊断元素。澳大利亚的历史，也是试图在一片新的土地上打造一种新生活的流离失所的人群的历史（或者至少右翼理论家想让我们相信是这样的）。它的历史是移民（更不用说文化灭绝）的历史，从十九世纪早期的罪犯，到那些在维多利亚中期离开贫困的欧洲，来这里开始新生活的人，再到"二战"后以及后来的越战后，逃离被战争蹂躏的国家的人。然而，从二十世纪九十年代开始，澳大利亚开始大力管制它的边界，并使合法的移民途径变得更加困难。这个趋势，在"9·11"后，当霍华德的政府用国家安全的修辞来为移民局的一些残酷实践正名时，当然愈发严重了。这些实践最独特的特征之一，是建立离岸的拘留中心，在那里"处理"非法移民。这经常会涉及这样的行动：军队或海岸卫队把一船难民拦截下来，把他们送到巴布亚新几内亚或圣诞岛，在那里对他们的难民身份进行检查。在国际法下，任何登上澳大利亚领土，声称自己是难民的人，都有权得到庇护，但澳大利亚政府不给难民登陆澳大利亚要求那项权利的机会。因此，非法移民被认为不算难民。因此，在某种意义上说，那些坐船过来的人变得非法，无望成功提出他们对庇护的要求。在澳大利亚的法律之下，澳大利亚北部和外围岛屿的部分地区，出于设立收容所、创造例外空间的目的，也变得不是澳大利亚的一部分了。

这个"不可区分的区域"清晰地指出了民族国家的脆弱性，也指出了其主权的式微，它只能通过残暴地强化主权，来维持自己的主权了，而这个操作，又在过程中揭示了它奇怪的排除的包括的进程。普雷姆·拉贾拉姆·库马尔（Prem Rajaram Kumar）和卡尔·格伦迪-沃尔

(Carl Grundy-Warr)用阿甘本关于 *homo sacer* 的作品来分析澳大利亚、马来西亚和泰国的非常规移民。对他们来说,澳大利亚政府的行为,几乎完美地符合阿甘本对赤裸生命的政治和司法的生产的考察。就像他们说的那样,"这种把表面上被排除的人引入民族-国家系统的操作,起到了使澳大利亚政体之领域合为一体的作用,同时,先发制人地把寻求庇护的人置于一种去政治化的'赤裸生命'的境地"(2004:48)。但在移民研究的话语中,总有一种对政策的关注,拉贾拉姆·库马尔和格伦迪-沃尔断言,他们把非常规移民当作 *homo sacer* 来研究,是为了"让决策者注意到这个基本的却遭到忽视的政治空间或境况",并且"对世界主义的共同体感和责任感的激励必须……来自国家"(2004:59—60)。这完全是对阿甘本更大的批判计划的误解,但它看起来又是阿甘本的作品在更广泛的人文学科和社会科学中的主流"用法"。更好地理解阿甘本的作品更广泛的结构,以及他对使权力非作的"政治任务"的探索,应该能够避免这种误解的危险。

生命政治的文身

终于,我们可以谈到阿甘本本人对当代生命政治世界的介入了,即他对赴美旅行的拒绝。2004 年,阿甘本本应去纽约大学开设一系列讲座和研讨班,但他取消了这次行程,并在 2004 年 10 月在法国报纸《世界报》上发表了一篇文章,力图为自己的拒绝辩护。这里谈到的是阿甘本所谓的那些进入美国被迫要经受的"生命政治的文身"。这包括要登记数据,并接受指纹和视网膜扫描。阿甘本称,这一发展代表了一种更加广泛的"试图使公民习惯于所谓正常和人道的程序和实践的尝试,但这些程序和实践在过去一直被认为是例外和不人道的"("B";168)。这些例外和对人的自由权的侵犯的正常化,对阿甘本来说,显然是这样一个发展趋势的症候,这个趋势如果不加约束,可能会带来无法预见的后果。阿甘本希望欧洲知识分子同胞能够跟随他，提出抗议。我们有必要认识到这些措施是极端的，并强调这个事实——它们确切来说正是生命政治新发展的极限点、阈限，而不是对国际旅行者来说无关紧要的不方便之处。

阿甘本的短文浓缩和简化了他自己关于生命政治的作品，这样一来，他把美国机场的生命政治的文身一直追溯到犹太囚犯在集中营里的境况，也就不奇怪了。但同时，他也为自己的论文做了辩护，他说，他的论文是哲学的而不是历史的，并声称他"不关心需要被分开的现象会混到一起"。因此，他从断言集中营囚犯的文身也被认为是"正常的"开始论证，也是符合逻辑的。因此，我们需要把当前程序潜在的正常化，看作更广泛的生命政治构造的症候，如果不加阻挡，这个生命政治构造很快就会把例外的活动变得平凡，因为它致力于以越来越威权主义的方式，来捕捉人的生命。就像阿甘本总结的那样，"今天，在我们想去美国旅行时强加在我们身上的生命政治的文身，是明天——如果我们想被识别为好公民——我们或许就会当作在国家的机制和传动装置中报到的正常方式来接受的东西"（"B"：169）。

"式微"的政治

阿甘本对当代政治的批判的惊人性质，以及许多领域对这种批判的吸收，会遮蔽我们可能会认为是它真正的"政治性质"的那个东西。许多二流评论者有这样一种倾向，要么认可模型的批判效力，要么强调它在方法论上的缺陷，就像我们将在本书的最后一章中看到的那样。但许多人不愿意认真对待阿甘本对西方政治传统的拒绝。可别忘了，批判的时刻，在于行动本身。就像阿甘本在《例外状态》的结论中说的那样：

在法律与生命的非联系中展示法律和在生命与法律的非联系中展示生命意味着，在二者之间，为人的行动开启一个空间，这个行动一度为自己要求"政治"这个名称。政治苦于持续的式微，因为它已经被法律污染了，在不被简化为与法律交涉的权力时，政治最多也只会把自己看作制宪权（即立法的暴力）。然而，唯一真正政治的行动，是切断暴力与法律之间的联结。

(SE：88)

这个政治行动定义——它暗示政治行动要通过一个如此微妙的行动来克服一个如此巨大的矛盾——会让那些希望自己面对的是一种有形的政治、一个可以被当作徽章戴到领上的事业、一个可以立刻带来结果（哪怕是空洞的结果）的行动的人感到不安。但他们想的政治不是阿甘本的政治。

在本章的结论中，有必要提醒人们注意语言在阿甘本特别讨论 homo sacer 的作品和更加普遍的关于政治的作品中起到的更加广泛的作用。在 Homo Sacer 的导论中，阿甘本明确指出，对赤裸生命的基础来说，语言是至关重要的。事实上，正是语言为普遍而言的政治提供了基础。人类共同体的建构，也是建立在语言的基础上，基于 polis 中的栖居。有生命的存在通过远离、离开原初的声音，而有了语言。所以，进入 polis 的运动关乎对赤裸生命的排除：把赤裸生命逐出 polis 是必要的，就和把自己移出先于语言的声音是必要的一样。但对赤裸生命和声音的排除都是虚假的。它们永远以作为政治和语言的否定的基础的方式，被重新包含进去，折磨着政治和语言。所以，把政治发展到赤裸生命之外的政治任务，与发展一门不为与声音的否定关系所困的语言的任务，本质上是相关的。这两个任务对阿甘本来说在本质上密切相关，而最有价值的政治行动，是基于一种对权力的支配语言进行拆解的政治行动。在论文《语言与人民》（"Language and People"）中，阿甘本指出，对现代国家的各种生命政治形式的挑战，只可能通过"在任何一个点上打破语言、语法、人民的存在和国家之间的联结"(*MwE*：70)。这个打破权力的支配语言的过程,对提供通向来临中的共同体的路径来说至关重要,它能使作为现代政治之基础的语言机器非作。同样重要的是,在考察阿甘本思想的否定或批判时刻之时,我们要记住,来临中的共同体的政治,将永远是他的作品的地平线。

总　结

阿甘本通过对西方传统中生命与政治之间的关系进行复杂的谱系分析,提供了一个对同时代的关注的批判研究。通过回到亚里士多德,他指出,生命向 *zoē*(没有品质的生命)和 *bios*(政治的生命)的分裂,以创造赤裸生命而告终,所谓赤裸生命,即被排除在政治系统之外,却又矛盾地被包括于其中的生命,因为这个形象的生命,*homo sacer*,可以在不会引发谋杀指控的情况下被杀死。但这同一个"包括/排除"的逻辑也适用于主权者自己,他能够宣告法治,却又被排除到法治的审判之外。阿甘本因此得以图绘对赤裸生命和主权例外的生产从古罗马,经人身保护权、法国革命、"二战"的集中营、没有国家的难民的苦境,一直到反恐战争中关塔那摩湾对嫌犯的拘留的发展。阿甘本对西方政治传统深刻否定的描绘,也因此而要求我们克服那个传统,并以一种新的、不被暴力捕捉的方式来理解生命。

5 姿势的家园——艺术与电影

在语言对阿甘本来说的重要性在本书中变得明显的同时,我们也应该把它看作一种更加普遍的再现理论,其中,一种普遍的美学——就像我们已经看到的那样,阿甘本经常称之为"诗学"——可以通过质疑统御它的主导逻辑,中断、阻止对那个媒介的使用。也正如我们从先前的章节中看到的那样,这种再现往往是以"来临中的一代人的政治任务"为着眼点的。从他的第一本关于艺术和主体性的书,到他关于广告和色情片的理论化思考,阿甘本一直致力于在各种各样的表现中考察影像。在下文中,我们将把阿甘本关于现代美学的叙述(他认为现代美学是非时间的虚无主义的一种形式)追溯到他对作为电影的基础的"姿势"的探索。这个运动是通过诉诸阿比·瓦尔堡的作品来完成的,根据瓦尔堡的构想,西方艺术不是"影像",而是某种类似于一卷巨大的胶片中的一系列定格画面的东西。在讨论完瓦尔堡后,我们将回到阿甘本对居伊·德波的电影的介入,我们将在其中看到动摇当前各种景观形式的媒体化文化的可能。在这里,特别重要的是再现和再现性的观念,这个观念有使同质的历史叙事断裂,向我们揭示姿势的潜能的潜力。

艺术与现代性

阿甘本理解的现代性是这样的一个点,在这点上,各种集体的实践、知识和认同发生了一个根本的转变。不过,这些转变并不像它们有时看起来的那样激进——就像生命政治的案例一样,与福柯的看法相反,阿甘本认为生命政治不是真正现代的,相反,它是在古典形式的政治中传承下来的。只不过,在现代性中,这个传承下来的东西,呈现出一种加速的形式。1970年,阿甘本以意大利语出版了 *L'Uomo senza contenuto*,这本书于1994年再版,并于1999年被翻译为英语:*The Man Without Content*(《无内容的人》)。作为阿甘本出版的第一部专著,它证明了阿甘本的思想从早期开始,就一直保持着连续性。不过我们也应该明确这点,这部作品还没有像他后来的作品那样得到充分的发展。在这里,他把现代性设想为一种更加根本的断裂或决裂,一种需要通过"重获"原初状态来克服的断裂。因此,在考察阿甘本关于艺术的讨论时,我们应该留意这点,即这个关于现代艺术的虚无主义的表达,在他后来的作品中会有所缓和。在这里,区分虚无主义和否定性也是重要的。在阿甘本使用虚无主义(一种对流行的道德和宗教信念的拒绝)这个术语时,他的确就像我们会看到的那样,提到了弗里德里希·尼采。我们不应把这个虚无主义和我们在第一章遇到的否定性混为一谈,否定性显然要比我们在这里看到的现代虚无主义更加本体论,也更加根本。

但对早期的阿甘本来说,"现代"艺术是为艺术、观众和艺术家之间关系的一次断裂所构成的。现代的"品味"(taste)[①]概念和作为观看者

[①] 阿甘本早年写过一个论品味的词条,参见 Giorgio Agamben, *Taste*, trans. Cooper Francis, Seagull Books, 2017.

与对象之间的中介的美学的发展,起到了遮蔽艺术品的起源和我们的艺术"经验"的起源的作用。但对阿甘本来说,现代艺术的虚无主义,也为艺术"重获其原始高度",再一次变得"本身就有意义"(而不是通过规定我们的艺术经验的有限话语来获得意义)提供了条件。在这里,阿甘本讨论的核心问题是现代美学的发展,其目光在试图发现无私的美的观念(属于伊曼努尔·康德的传统,康德试图通过考察艺术作品,找出一个可以回答"这美吗?"这个问题的判断标准)的同时,也引出了一种充满激情的、严重偏私的艺术品的观念,这个艺术品观念,自反地与艺术家而非观众的立场相关。就像阿甘本提醒我们注意的那样,向无私美学判断这一现代观念的运动,在古人看来是荒谬的。比如说,众所周知,柏拉图就把诗人和艺术家逐出了城邦这个被认为是理想的共同体,因为他们被认为有破坏城邦的可能。也就像阿甘本在谈到古代的特别是柏拉图的艺术模型时说的那样,"艺术对灵魂的力量在他(柏拉图)看来是如此巨大,以至于他认为,艺术单凭自身就足以破坏城邦的基础;但是,虽然他被迫放逐艺术,但他也是不得已而为之"(MC:4)。今天,柏拉图眼中艺术引起的"神圣恐怖"(divine terror),已经变成某种截然不同的东西了。阿甘本进而指出,现在,有着最动人、最充满激情的艺术经验的艺术家把自己倾注到艺术品中,使艺术品变得不能用美学的范畴,而只能联系艺术家的"精神健康"来衡量了。

如今,艺术在引起某种类似于"神圣恐怖"的感觉上的彻底无效,例示了柏拉图的艺术概念和我们之间的距离,但是艺术在再现一个统一的意象上的无能,是偏离艺术原初目的的现代运动的症候。阿甘本转而讨论了中世纪的 *Wunderkammer*(字面的意思即"珍奇屋",是"奇趣屋"的远亲),把它当作前现代对艺术作品的理解的象征。珍奇屋的原则是,绘画被放到一系列自然和文化品之中,比如说手抄本、独角兽角、鸟类标本、独木舟等。这些经常是国王的收藏,被放在一个陈列室里,是"某种在它的和谐的混杂中,再生产动物的、植物的和矿物的宏观宇宙的微观宇宙",在这个微观宇宙中,"个体的物品只有通过在屋子的墙与墙之间，与其他物品并列，才能找到它们的意义，在这个屋子中，学者每时每刻都可以测量这个宇宙的边界"（MC：30）。这些珍奇屋为更大的、神圣的世界概念提供了一个镜像。在这里，艺术是为了反映世界，并且它不能以个体物品的身份，而只能依据更大的、更统一的世界观做到这点。正如阿甘本指出的那样，在这个艺术观念和现代美术馆或画廊的观念之间，存在一种深刻的非联系。就像他说的那样，"在这点上，艺术品不再是衡量人在大地上栖居的尺度了，那样的艺术品因为建造并使栖居的行为成为可能，所以既不是一个自主的领域，也不是一种特别的认同，而是一种对整个人类世界的概要和反映。而现在，相反，艺术为自己建造了一个自己的世界"（MC：33）。艺术，在建造自己的世界的同时，也失去了超越艺术家的世界的能力。

我们可以这样看对阿甘本来说定义了现代艺术的两个现象，即"美学判断"和"无内容的艺术主体性"：它们否定了艺术品的两个"原始要素"，即它在不下美学判断的情况下传达的能力以及艺术与世界之间的统一。阿甘本开始他对艺术的研究时提到的这些问题，与浪漫派的艺术观念有关（尽管阿甘本没有明说）。浪漫派是对启蒙运动提出的哲学和美学问题的一种回应。在"客观的"意义上参与艺术的自由和应用理性的美学判断观念（而不是那些混合了宗教或政治意义的观念）的尝试，引出了艺术家的自由和自主，现在，他不再需要像从前一样，提供任何解释了。这引发的，是一个永恒的，关于艺术以及艺术家的观念意味着什么的自我反思的过程。现在，艺术家执着于作品及其与自我的关系，而不再关心艺术作品之外的世界。这个向"浪漫派的"世界观的运动，也带来了一种对"本真的"经验的追求，以及对艺术家（他们有独一无二的能力，得以仍然拥有这样的经验）的集中关注。这个叙事在学院的实践中尤其常见，但在参与这个叙事的时候，阿甘本关注的更加广泛的问题是，我们能不能或者说应不应该希望艺术品"重获其原始高度"（MC：6）。这个问题中还有一个更大的关于阿甘本与浪漫派的关系的问题。

从"品味"的镜头来看,一方面客观的美学标准和另一方面艺术家只顾自己的世界之间的分裂,变成了驱动阿甘本关于现代艺术的叙事的张力。与发自内心的、直接的回应相对的品味的发展,是有趣的,就像我提到过的那样,它和启蒙理性的发展有关。品味变成了一种集体的尺度,用以衡量可以被认可、管制的对艺术品的回应。凝视艺术品变成了观众实践他/她的"好品味"的场合。这个好品味,却又因与它的反面吻合而告终。就像阿甘本问的那样,"我们怎么可能同时欣赏像《杜伊诺哀歌》(*Duino Elegies*,作家莱纳·马里亚·里尔克密实而充满实验性质的诗)和伊恩·弗莱明的小说那样不兼容的作品呢?"(*MC*:19)答案在于,我们不再回应某种艺术品固有的东西,而只着眼于收藏的消费了。我们没法在艺术作品中单独挑出一个包含它的品质的核心。在我们由愚蠢而无同情心和理解力的娱乐和景观构成的世界中,我们恰恰可以看到这个现象:我们这些观看者糟糕的品味,在我们消费的艺术品中得到了反映。我们没有理由消费这些作品,而这样的消费经常也是莫名其妙的,但在消费艺术品的时候,我们不是在回应作品,而是在回应那些给我们提供安慰和安全感的不同结构,这些结构让我们知道,我们的"品味"都一样(糟糕)。品味实际上摧毁了判断,使看作品本身变得不可能,现在我们只能通过他人的集体理想来看艺术品了。在我们"通过被强加的品味来欣赏"的当代文化中不乏这样的例子。随便哪天晚上打开电视,你都能见证我们号称乐在其中的侮辱人的景观。

那么,在这个大家共享糟糕的品味的世界中,对艺术家来说,发生了什么?阿甘本指出,艺术家把自己移出了他的观众的世界。就像他说的那样:

> 艺术家面对一个趣味越高雅,就越像飘忽的幽灵的观众,走进一个越来越自由、越来越曲高和寡的氛围并开始远行,这个远行,将使他离开社会的活组织,走向极北的、美学的无人之地。

(*MC*:16)

接着,阿甘本的书开始着手在这片无人之地上追踪艺术家的形象,发现艺术家的工作是怎样从手工的创造,变成无所事事的空无的。这个空无,源于创造-形式的原则和内容之间的分裂。简言之,艺术家站到了形式的追求(探索媒介)这边,而不是内容那边,并因而只能到美学的形式特征中去寻找他/她的内容:

> 他的境况因此是根本的分裂;在这个分裂外,一切都是谎言……艺术家是没有内容的人,他除"永远在表达的虚无中出现"外别无认同,除自己的这一面上的这个不可理解的位置外别无根基。
>
> (MC:55)

这个空洞的、无内容的艺术家的意象,是有力的,它解释了浪漫派对自反(self-reflexivity)的执着,以及二十世纪艺术消灭艺术家形象的努力。它合乎逻辑的结果就是波普艺术,在波普艺术中,艺术家变成了生产者,产品变得可复制,并且只有通过品味的框架(被放进画廊,获得透纳奖,在拍卖中以天文数字卖出)才能与更广泛的文化垃圾分开。二者可以被看作同一枚硬币的两面,它们都陷于一个艺术的意象,在这个意象中,"品味"制度化的性质和艺术与世界之间的分裂,使艺术走入了虚无主义的状态。

与此同时,阿甘本还标绘了现代美学与欧洲虚无主义之间的关系。正如我们之前看到的那样,虚无主义这个名称,指的是一种对价值的彻底清空,是对人不能也不应该赞美或分享任何视域或进路这一观点的否定。众所周知,对弗里德里希·尼采来说,这种价值的缺乏,这种判断标准的空无,有两种形式——被动的和主动的。被动形式的虚无主义,以衰落或颓废,一种在现代基督教那里可以看到的意志的虚弱为症候。另一种形式的主动的虚无主义,则以一种对"权力意志"的强化,一种提供了复兴的可能的生机主义和活力为特征。在阿甘本的解读中,我们需要用第二种形式的主动的虚无主义,来克服第一种形式的现代的、被动的虚无主义。这个克服意味着这样一种虚无主义,它力图粉碎和摧毁艺术及美学的制度本身,释放一种能够使艺术回归其原始目的的动力。

这些关于向一个"原始的"目的"回归"的讨论,在《无内容的人》的结论中,在一定程度上得到了澄清。在该书中,阿甘本把对艺术的克服和本雅明关于历史的作品关联起来。正如我们先前已经看到的那样,本雅明的作品在阿甘本作品的发展中,是至关重要的,而在这里,我们也见证了阿甘本早期对"弥赛亚"的介入。在这里,回归其原始目的的艺术的意象,类似于弥赛亚时间的到来。在阿甘本看来,被本雅明视为现代性的主要特征的文化传递性的毁灭,导致了美学的创造。艺术、文学和更普遍而言的文化,不再是那个文化能够在其中传递自己的历史的空间了。人类要"占有他的历史空间,那个他的行动和知识的具体的空间"(MC:114),就必须缝合导致这个传递性缺乏的形式与内容之间的断裂。阿甘本指出,人的历史空间是这样一个点,在这个点上,艺术必须进入神话的领域,把历史变成神话。这又把艺术带到这样一个点上,在这个点上,传递的对象与手段统一了。重要的是,这不是对先前的神话理想(在现代性中,艺术脱离了这个理想)的回归,而是对一个新的"诗学过程"的回归,在这个过程中,"艺术成功地开启了那个空间:于其中,他(人)可以在当下拿回衡量他的栖居的原始尺度,并在每一次这么做的时候,恢复他的行动的意义"(MC:114)。艺术因此也就必然是那个"诗学过程"的一部分,那种诗学为我们提供了一种更加广泛的再现形式,这种再现形式致力于撤销现代性的分裂,以及为一个未来的共同体做准备。在《无内容的人》的结论时刻,我们看到了后来被表述为非作的那个东西和将在他后来的作品中凸显的那种"诗学"的出现。

走向姿势：阿甘本与瓦尔堡

如果在对艺术的批判中，阿甘本还愿意转向积极的，也就是生产性的时刻，那是因为德国艺术史家和文化批评家阿比·瓦尔堡的批判实践，为他提供了一个没有陷入现代美学的简化逻辑的艺术史的意象。1975年，阿甘本花了一年时间在伦敦的瓦尔堡中心图书馆奔波，为后来以《诗节：西方文化中的词与幻象》为题出版的书做研究。这个研究是作为他关于本雅明的研究的异端而出现的。瓦尔堡和本雅明这两位作家，都涉及西方历史的同一个危机点上惊人地相似的领域。在瓦尔堡那里，阿甘本发现了一种具体来说是美学的或者说基于影像的表现，这一点他也将在本维尼斯特的语言学和在瓦尔特·本雅明的批评计划那里发现。我们可以认为，阿甘本对瓦尔堡的研究表明了某种与他之前的作品即《无内容的人》的决裂。尽管很难说阿甘本明确且持续地与瓦尔堡的作品对话过，但他对瓦尔堡的研究还是提供了一个上文讨论过的，他先前关于艺术的作品与他后来关于电影和更广泛的考古学（或谱系学）方法的作品之间一个至关重要的关联。就像阿甘本在他后来为他关于瓦尔堡的论文(1975)写的一篇后记(1983)中说的那样，"在他的作品中，持续显得相关的东西，是这样一个姿势：他用这个姿势，把艺术品（和影像）拉出关于艺术家的有意识的和无意识的结构的研究"(P：102)。现在，在这里，人们从历史学的角度，来解读通常是从心理学的角度来解读——比如说，想在影像的结构中发现艺术家潜在的欲望——的影像了，他们把影像当作某个历史的蒙太奇的一部分而不是孤立的实例来考察，他们把影像放到一起，以引出各种不同寻常的群集。

瓦尔堡想探索发现一种西方艺术的图像学史的可能，这个图像学史不关注美学客体灵光的、孤立的空间，相反，它把这些影像当作一个更大的星丛的一部分。与考察画家的心理特征或影像的固定性相反，瓦尔堡试图说明影像之间的运动。他把他的艺术史科学称作 Mnemosyne，即希腊语的"记忆"，其指导原则是试图"在地图上描绘"欧洲文化，发现影像出现并变成某种类似于过去的记忆痕迹的东西的时刻。这个方法把相似的影像并列，以找出相似与偏差，使不同的意义可以在它们被凝视的时候闪现。瓦尔堡把这描述为"一种没有文本的艺术史"，它由四十张画布和一千张照片构成，他根据特异的亲和感来安排这些照片，把文艺复兴时期的杰作显眼地放在女高尔夫球手和汽船公司的广告旁边。他用来组织他庞大的图书馆的，也是一个类似的原则。瓦尔堡图书馆是基于"好邻居"的原则来安排的，问题的答案不在于你要找的那本书，而在于它旁边的那本（P：204n）。这些组织原则帮助阿甘本发展出一种关于影像的普遍化理论，这种理论不再认为艺术品揭示了只顾自己的艺术家的空无，而把影像当作一张更大的历史画布上的一部分来看待。

这个影像在不被孤立地解释而被当作历史的巨大胶卷的一部分来考虑的时候，可以起到揭露和中断艺术史空洞的、可预期的叙事的作用。艺术史和更普遍的历史一样，与简化的、线性的组织形式密切相关：有一种叙事详述了在不同的历史时期，艺术是怎样变化和发展的，而艺术史家的角色就是排序。但如果我们还记得本雅明和阿甘本关于历史的论述，我们就可以看到，这种创造一个连续体的形式，限制了人们聆听另类的声音、做出不同寻常的关联的可能性。而阿比·瓦尔堡概述的那种形式的影像性艺术史，将创造出一种更加动态、流动性更强的艺术史。就像阿甘本在《关于姿势的笔记》（"Notes on Gesture"）中说的那样：

> 我们甚至可以把《蒙娜丽莎》《宫娥》也看作一个姿势的片段或一卷遗失的胶片上的定格画面——只有在这个姿势、这卷胶片中，它们才会重获它们真正的影像——而不是不变的、永恒的形式。

之所以会这样,是因为一种特定的 *litigatio*,一种我们需要打破的令人麻木的符咒,它的构造在每一个影像中运作;它就像一个沉默的祈求,要求影像得到解放,变成姿势,从整个艺术史中起身。就像在古希腊传说中,雕塑打破控制它们的束缚而开始运动……电影把影像引回了姿势的家园。

(*MwE*:55—56)

在这里,我们可以看到一种艺术的"影像性"(imagistic)理论是怎样直通对电影文本的解读的。《无内容的人》中的方案试图走向一种作为"断裂"的艺术史理论,而影像性的艺术理论则认为,艺术品永远是已经断裂了的,它是一系列断裂的影像,这些影像引出了近乎一部电影长片的艺术史概念,而艺术品就是艺术史这部电影中的定格画面。菲利普-阿兰·米肖(Phillipe-Alain Michaud)最近也展示了瓦尔堡思想的电影品质。人们对瓦尔堡作品的接受和延续一直为一种传统的对文艺复兴中的象征的考察所支配。但对米肖来说,瓦尔堡思想的主导特征是运动——艺术品是怎样试图在行动中把握主题的。同时,它也是一个朝向这样一种观念——把历史当作一个蒙太奇来考察——的运动。米肖因而证明了瓦尔堡的思想引入了电影的运动:"瓦尔堡使艺术史对这样的观察开放,即在能够再现身体的影像开始弥散的那个时刻观察运动中的身体。"米肖进而指出,在发展初期的电影中,就像在瓦尔堡那里那样,我们看到了"运动的形象逐渐过渡到对生命活体的泛灵论式再生产"(2004:39)。在这里,电影再生产身体的带有差异的流动性的能力是关键,同样重要的是对眼睛的训练,即人们是怎样训练自己的眼睛,使它们能够在姿势中捕捉身体的。

姿 势

姿势这个概念，是图绘阿甘本从艺术到电影的运动的关键，它让我们可以更清楚地理解何以向生命政治的现代性的运动与电影的发展如此密不可分。在我们探索阿甘本是怎样指出广告和色情片这些媒介形式有可能引入来临中的共同体的新身体时，这一点也很重要。在阿甘本的作品中，《关于姿势的笔记》这篇论文非常重要。它有三个不同的版本，包括一个关于科默雷尔的版本，一个关于电影的版本（我们在这里主要关注的就是这个版本）。正如德博拉·莱维特（Deborah Levitt）已经指出的那样，这篇论文提供了一个姿势的谱系，而这个谱系又与阿甘本的现代生命政治的谱系惊人地相似（2008：194）。这篇论文呈现了从1996年吉尔·德·拉·图雷特（Gille de la Tourette）对人的步态研究，到埃德沃德·迈布里奇（Eadweard Muybridge）的运动中的身体的快照、默片的诞生和普鲁斯特与里尔克高度现代主义的运动。就像莱维特指出的那样，我们可以给1886年到1933年这个时期打上"阿甘本的生命政治的现代性在媒体中的诞生"的标签，他说，在这点上，"西方的资产阶级确定无疑地失去了它的姿势"。

那么，什么是姿势呢？在这里，保持复数的姿势和姿势这个观念之间的区分，是重要的。复数的姿势指的是以前在人的动作和运动中有的凝聚感，一种体行感和传达感。它们的衰落是通过观察和控制引起的人的心理内在性的崩溃。指出这点是有用的，即复数的姿势的丧失分三部分：

1. 整体的、连贯一致的资产阶级主体的丧失。现代性的生命政治技术引发的自我的破碎——去主体化——侵蚀了作为认同幻想的一部分的主体化进程。

2. 影像的灵光的丧失。我们不再把影像看作完整而完全的捕捉什么东西的姿势，现在，它们是一卷破碎的胶片上的定格画面了。

3. 自然语言这一观念的丧失——自然语言是完整而完全的，与意义密不可分。现在，我们把语言当作不再属于我们的东西来经验了。

但**姿势**这个观念，与复数的姿势之下那个虚假的统一相反。复数的姿势的"丧失"，是虚假的统一的丧失，而拷问因此出现的裂缝，对以新的方式重新思考媒介的本质这个想法来说，是必不可少的。作为观念的**姿势**是使手段如其所是地显现的进程。但这是对媒介性的展示，它超越了美学、语言和主体性，进入了伦理和政治的领域。阿甘本论文的起点，是吉尔·德·拉·图雷特对人的步态，即人怎样走路的研究。在做这个研究的两年前(1884年)，图雷特诊断出一种如今被称为图雷特综合征的运动缺陷，在这种疾病中，他开始注意到一系列奇怪的声音抽动和"阵发的动作抽动"，阿甘本指出，这些抽动的增殖引起了"复数的姿势领域的普遍化灾难"(*MwE*: 51)。姿势的丧失不像它可能看起来的那样，是奇怪的行走模式的普遍化爆发，就好像所有人都失了去对他们复数的姿势的控制。相反，复数的姿势的丧失，与人们不再把身体当作一个体行的、经验的整体来把握有关。对阿甘本来说，我们要看到这点，即十九、二十世纪的技术，改变了我们认识我们的自我、我们的身体的方式。科学的测量与观察方法的兴起意味着，我们开始用观察的目光把人体看作各种微小的运动。现代性的观察的目光，测量、理解、控制的欲望，与电影的兴起密切相关。德国技术哲学家弗里德里希·基特勒(Friedrich Kittler)已经展示了，十九世纪新出现的各种形式的运动的影像，是如何从解剖学研究中发展出来的(2003)。我们需要联系现代性的科学观察，来考察十九世纪早期和二十世纪初期的电影的目光。阿甘本并非在说"我们应该希望回归先前'经验'身体的方式，即把我们的身体当作完整和统一的来'经验'",相反,他指出,我们要思考姿势新的可能性。

"姿势"的结构,被看作动作和生产这两个范畴的居间,它致力于使手段和目的之间的虚假对立非作。在传统的功利主义哲学中,总有目的能不能为手段正名这样一个问题。你能因为目的足够高尚,就证明暴力作为手段是对的吗?政治有时被看作这样一个领域,在那里,手段/目的的关系被玩到了极致。这可以映射亚里士多德在《尼各马可伦理学》(*Nichomachean Ethics*)中做出的生产(*poeises*)和行动(*praxis*)之分。阿甘本转向罗马学者瓦罗(116—27 B.C.),瓦罗引入了第三个概念——姿势。就像阿甘本说的那样,"如果生产是一种着眼于目的的手段,而实践是一个没有手段的目的,那么姿势则冲破了麻痹道德的目的与手段这个虚假的选择,把手段呈现了出来,出于这个原因,手段**如其所是地**,在没有变成目的的情况下,逃出了媒介的范围"(*MwE*:57)。所以,姿势不是向某个目的运动的手段,也不是一个高不可及的纯粹目的的领域。相反,它同时粉碎了二者:"**姿势是对媒介性的展示:它是使手段如其所示地显现的过程。**"(原书为斜体,*MwE*:58)

重要的是,虽然阿甘本是联系电影来使用"姿势"这个术语的,但他坚持的其实是姿势与语言之间的关系。语言中权威的丧失(这标志着经验的毁灭)与复数的姿势的丧失密切相关,而语言中的"姿势"则代表了向"如其所是地展示语言,把语言展示为对传达性的传达"的运动。就像阿甘本说的那样,"如果我们把'词'理解为传达的手段,那么展示一个词,并不是说在更高的层面上可以随意使用它……相反,它意味着,在词自己的媒介性中暴露它,暴露出词本身就是一个没有任何超越性的手段"(*MwE*:59)。所以,语言的姿势看起来是什么样子的呢?在下一章中,在我们考察把阿甘本关于语言的作品用于文学研究的可能性时,我会简短地谈到詹姆斯·乔伊斯的《尤利西斯》,用它来展示把语言当作姿势来思考的可能性。在"喀耳刻"一章中,乔伊斯用剧本的形式,来考察在"太阳神牛"中,语言解体后,重新激活语言的可能性。

在那一章的前面部分，斯蒂芬·迪达勒斯说，"所以姿势，而非音乐，亦非气味，才将成为普世的语言，口舌的礼物使第一的隐德莱希、结构的节奏，而不是平白的意义变得可见"，对此，林奇回答说，"色智的爱神学"(Pornosophical philotheology)(Joyce 1992：564)。乔伊斯对把姿势当作"普世的语言"来思考很感兴趣，据说，他去听过现在已经不太有人记得的法国语言学家马塞尔·茹斯(Marcel Jousse)的讲座。茹斯在1930年出版过一本名为《口语风格》(*The Oral Style*)的重要之作，他去世后，其讲座被整理为《姿势的人类学》(*Anthropology of Gesture*, 1974)出版。如果我们认为斯蒂芬对作为普世语言的姿势的呼唤，与特定的物理节奏有关，而这个节奏又嵌入了口语语言的结构的节奏，那么林奇的插入语，就是某种类似塞口的姿势，或一种对语言自身的暴露。这些合成词邀请读者来破译自己，但最终，从它们引发的意义来看，它们又是无用的。相反，这种对无意义的语言的呈现，更接近对"作为展示它自己的媒介性的词"的姿势的暴露。

但姿势的激进潜能，不是在任何具体的或有限的领域中显露的，相反，它显露为一种交错，一个阈限的名称，我们也必须以这个阈限为基础，来以新的方式重新思考伦理和政治的基础。姿势因此起到了非作的作用：

> **姿势**是生命与艺术、行动与力量、普遍与特殊、文本与执行之间的交错的名称。它是一个从个体的传记中扣除的生命的时刻和一个从美学的中立性中扣除的艺术的时刻：它是纯粹的实践。姿势既不是使用价值，也不是交换价值；既不是传记经验，也不是非个人的事件：它是商品的另一面，使"它们共同的社会实质的结晶"没入情景的一面。
>
> (*MwE*：80)

从认同的虚假整体性或统一的影像的虚假性中扣除这个观念，对姿势来说是关键的。在生命政治的现代性中,各种形式的扣除,通过媒体技术和治理性,被常规地施加在我们身上。**姿势**就是对主体性和美学之崩溃的利用,而电影则是这种利用最可能发生的美学空间。

阿甘本论电影

阿甘本关于电影的作品一方面是对吉尔·德勒兹提出的电影理论的回应,另一方面也是对居伊·德波关于"景观社会"的理论思考及其实验性的电影作品的探索。吉尔·德勒兹是一位影响力很大的法国哲学家,同时也是阿甘本在一系列哲学问题上的持续对话者。德勒兹关于电影的作品影响很大,他认为,电影通过创造不依赖人眼的电影影像,为我们提供了新的"观看"方式。更重要的是,在德勒兹关于"时间-影像"的理论思考中,电影变成了这样的空间,在那里,我们可以看到时间被呈现出来了,同时在德勒兹对"运动-影像"的思考中,电影又成了这样的空间,在那里,通过电影的效果(摄影机的角度等),我们能以新的方式来看待人的生活。对德勒兹来说,提出一种能够通过电影艺术的概念来思考的新影像理论是必要的。就像德勒兹说的那样,"在我们看来,电影是关于影像和符号,即前语言的可理解内容(纯粹的符号)的创作,而以语言为灵感来源的符号学则废除了影像,并倾向于放弃符号"(2008:xi)。尽管我没有空间深入讨论德勒兹探索"电影艺术的概念"的尝试,但在《关于姿势的笔记》中,阿甘本已经试图与德勒兹保持距离了,他指出,德勒兹的"运动-影像"理论太过于依赖影像的神话原型,阿甘本认为,德勒兹的理论没有把握在现代性那里影像根本的断裂性。德勒兹的影像太过于理想化也太过于完全,缺乏断裂和错位感,而后者,对阿甘本来说,才是影像性的本质。

阿甘本作为断裂的电影概念,在一个关于居伊·德波的电影的简短讲稿中得到了最完全的表露。德波的电影在很大程度上是由取自广告、电影和新闻画面的经过节选的[或者用他的法语术语来说，*détourned*（异轨的）]影像构成的。德波给这些以随机次序安排的片段加上了阅读自己理论作品的旁白。这里的目标是创造一种断裂的电影，在这样的电影中，媒介化的世界的影像被拉出它们的语境，并放进一个蒙太奇，德波认为，如此，不寻常的星丛就可能出现。在这篇关于德波的电影的短文中，阿甘本识别出两个"蒙太奇的超越的条件"：停止和重复。在这里，重复与记忆及一种特殊形式的历史意识有关。阿甘本指出，媒体试图夺走影像并控制它们的叙事用法，给它们灌输使我们这些观看者无能为力的意义："我们被给予了一个事实，在这个事实面前，我们是无力的。媒体更喜欢愤怒却无力的公民。这确切来说正是电视新闻的目的。那是坏的记忆形式。"（"DR"：316）

另一方面，重复则呈现了带有一种可能性和潜能意义的影像。被重复的过程意味着，影像从它们的意义中解放出来了。在不同语境下被重复的一段电视画面，不再被赋予某种被限定的意义，相反，在这种情况下，提出这样的问题变得可能了：一开始，这个意义何以是可能的，以及还会不会有其他任何意义出现？影像也因而被灌注了生命，而作为观众的我们，则必须发挥建构或重新建构的作用，这个建构或重新建构将解放影像和我们，恢复"可能性"。第二个条件停止，则是中断的力量。阿甘本指出，这个力量把电影和与散文相对的诗（人们经常拿诗的叙事风格来和散文比较）关联起来。正如我们在后面关于文学的讨论中即将看到的那样，诗与散文的不同之处在于跨行，即在下一行中继续，而在那里，节奏和内容都可能变得不稳定。因此，对阿甘本来说，诗就是"在声音与意义之间的踌躇"，而德波的电影也表明了一种类似的对意义的中断。类似地，在诗中，形式（韵律，诗艺）也可能与"意义"抵牾。阿甘本会把"电影，或至少是特定种类的电影"描述为"影响与意义之间的长期踌躇"（"DR"：317）。

不过，指出这点是重要的：德波的电影并没有完全脱离当代媒体的世界，后者既是其影像来源，也是其批判对象。阿甘本是这样描述德波电影的效果的：在德波的电影中，手段、媒介变得可见了。在这里，电影在观看者那里要求的幻想、对现实的悬置，被消除了（在这里，我们可能会想到风格相似的贝尔托·布莱希特史诗剧场，在那里，表演、布景等都致力于摧毁内在于戏剧的悲剧模式的移情）。《渎神》中一个题为"电影史上最美丽的六分钟"的片段也重复了这种对电影的终极任务——暴露电影自身的幻想性质——的认识。阿甘本提到的那个片段，是出自奥森·威尔斯未完成的电影《堂吉诃德》一个相对不太为人所知的一个片段。在这个版本中，堂吉诃德和桑丘·潘萨发现自己来到了现代的美国（二十世纪五十年代）。阿甘本提到的那个场景发生在一个电影院，桑丘·潘萨在看一部有一个少女的电影，而堂吉诃德就站在旁边。当电影开始的时候，眼前的暴力激起了堂吉诃德的行动，他觉得必须履行自己的堂吉诃德式的义务，于是对电影银幕发起了攻击，劈砍它直到银幕上裂开了一个洞，露出了悬挂银幕的框架。堂吉诃德对银幕的攻击，当然是为保护一位年轻女士而做出的骑士义举，这就揭示了堂吉诃德看不到的影像与现实之间的裂口。但你很难说在这里阿甘本是在暗示，堂吉诃德的攻击是在喻说我们该如何摧毁电影的幻想。在叙述完这个场景后，阿甘本提出了这个问题："我们该拿我们的想象怎么办呢？"(Pr: 93)对阿甘本来说，我们必须意识到，我们希望拯救的、在我们的想象中遥不可及的那个少女，永远不可能爱上我们。我们必须暴露我们的想象的"空洞和未满足"，这样我们才能开始重建一种新形式的影像、一种新的诗学，这种诗学将否定想象是一种对此时此地的扭曲（因为电影往往就是这样的）。

阿甘本提供了充满争议的实例，并在其中给出了幻想破碎的一个例子。他引述了伯格曼的电影《莫妮卡》(Monika)中，电影明星突然直视摄像机，即直视我们的那个时刻。阿甘本指出，这个技巧在今天已经完全被用滥了，因为色情片和广告已经让我们如此习惯这样的拍法了。色情片和广告中的时尚模特对我们展示的是，在每个影像背后总有更多的影像，因此，影像的空洞也就被暴露出来了，接着，阿甘本又谈到色情明星在多个场合下直视摄像机的意象,认为这个意象概括了我们将在后文中探索的所谓的"亵渎"。阿甘本声称,现在,色情片是不可亵渎的,而电影的任务正是试图亵渎不可亵渎的东西。

阿甘本在《来临中的共同体》中为我们提供了这些形式的身体的一个意象,这个意象可以把我们引向一种看待自我的新方式:

> 被技术化的不是身体,而是身体的影像。因此,广告荣耀的身体,变成了面具,面具背后,脆弱、纤细的人体继续着它朝不保夕的存在……像被雇来的送葬者一样伴随商品走向坟墓的广告和色情片的,是人类这个新身体无知的助产士。
>
> (*CC*:50)

在这里,阿甘本响应了本雅明,后者在《机械复制时代的艺术作品》("The Work of Art in the Age of Mechanical Reproduction")中,把电影识别为这样的空间,在那里,电影的效果可以生出一种观看人体的新方式:"显然,一种不同的自然向摄像机而不是赤裸的人眼敞开了——而这只是因为人有意识地探索的空间,被机器无意识地穿透的空间取代了。"(Benjamin 1968:239)广告和色情片在无意间(无论它们多么无意)做的事情,是清空我们的媒体影像,展示它们的虚假和空洞。在景观的身体的影像创造的面具进一步与现实分离的时候,我们持续地暴露在人的身体的脆弱面前。另一方面,德波的电影夺走了影像,把它呈现为一个影像,使我们能够在它的音轨中看到媒介,停止电影的和艺术的幻想。在这个过程中,我们才可以开始把电影看作一个同时是政治的和伦理的媒介,而不是一个美学的媒介。

总　结

　　阿甘本关于艺术的著作从追踪一种形式的现代虚无主义开始,在那种虚无主义那里,艺术失去了运动的力量以及创造与周围世界的联系的能力。他把现代品味的发展和艺术家越来越唯我的性质单独拿出来,认为它们表明了艺术的虚无主义和空无,并号召(无论多么不直接)艺术再次与人的历史发生联系。二十世纪七十年代,通过研究阿比·瓦尔堡的作品,阿甘本提炼了自己关于美学的看法,发展出这样一种影像理论:远离一切心理化倾向和对孤立的艺术影像的分析,而相反,把人的文化当作一长卷胶片来分析。在转向电影的时候,他又通过考察电影通过停止和重复来迫使我们直视电影的媒介,中断它惯常的叙事功能的方式,进一步发展了这个影像的观念。

6 文学的实验室

对一位如此关注语言的功能的作者来说,这点很难说是惊人的:文学是阿甘本作品中一个至关重要的元素。事实上,你很难想象有哪部阿甘本的作品**不会**在某个(经常是决定性的)时刻转向文学,并用这些例子来帮助阐明一个特定的理论问题。但这不是说他把创作作品引入他自己的文本只是为了让自己能够通过这些作品来"说话",反之亦然①。阿甘本写过很多关于意大利诗歌和关于诗与散文之间关系的东西,其中,《意大利范畴:诗学研究》(*Categorie italiane: Studi di poetica*, 1996)提供了对许多意大利诗人的重要解读,其中最著名的要数但丁了(这本书的英文版取了一个没有那么多文学味、更好卖的书名:《诗的终点:诗学研究》)。本章将把阿甘本关于文学的作品分为四个部分:

1. 诗、哲学与批评之间的关系;
2. 喻说的文学——弗朗茨·卡夫卡;
3. 诗与哲学之间的分裂;
4. 走向一种诗学。

---

① 即既不是六经注我,也不是我注六经。

统一这些问题的是这样一种信念,即文学并不从属于哲学思想,相反,文学变成了这样的空间,在那里,就算我们不能说出像真理那样的东西,但至少我们也能对那个东西做出姿势。

诗/哲学/批评

阿甘本的书《诗节:西方文化中的词与幻象》(1977/1993)从一个他的作品经常重复的评价,即"诗"与"哲学"依然密不可分开始。这里的关联是,二者都满足了对方缺少的条件,以及二者之分生产出了批评。在仔细思考阿甘本对文学的解读时,试着看到这三个术语之间的联系和关联是有价值的。对阿甘本来说,哲学和诗必然遭遇它们自己的否定的共生关系:

> 词的分裂的意思是,诗占有而不认识它的对象,而哲学则认识而不占有它的对象。在西方,词因此一分为二,其中一个词是不觉知的,好像从天上掉下来的一样,同时通过以美丽的形式来再现知识的对象来享有这个对象,另一个词严肃对待自己,有对自己的自觉,却又因为不知道如何再现其对象,而不享有其对象。
>
> (S:xvii)

在这里,阿甘本呈现的是一个常见的哲学见解:语言力图表达它说的东西。在瑞士语言学家费迪南·德·索绪尔提出的结构主义公式中,语言被分为"能指"(词)和"所指"(指示物或词指示的对象),因此,词永远不"表达"它们说的东西,而我们对语言的经验则是这样的:我们永远陷入了真正"言说"的无能(这应该让我们想起对阿甘本影响巨大、萦绕着海德格尔对语言的理解的"声音"和"否定的表达")。但对阿甘本来说,通过现代的诗与哲学的分裂,某种东西被生产出来了,这个东西就是批评的观念。就像他在《诗节》中进而指出的那样,"批评诞生于分裂达到它的极点的那个时刻",并且"它(批评)既不再现也不认识(某个对象),它认识再现(本身)"(S:xvii)。我们可以看到一个熟悉的分裂的结构,这个结构生产出一个永远是分裂的二者的居间,致力于破坏它们的逻辑的第三项。批评在"认识再现"的时候,执行了一种特定的再现性,一种对语言的扮演。也许,在这里,回忆第三章是有帮助的,在那里,我陈述了瓦尔特·本雅明对阿甘本的影响,以及阿甘本那个独特的说法:本雅明的论德国悲苦剧的专著是二十世纪唯一一本当得起批评之名的书。在那里我还指出,本雅明的计划的"批评的"性质,可见于一种再现的方法。对阿甘本来说,本雅明的计划和耶拿浪漫派的计划有关,因为二者都试图发展出一种批评的诗学实践的形式——在这种实践中,诗的片段激活了一个批评的反思的模型。

在他的论文《德国浪漫派的艺术批评概念》中,本雅明认为,耶拿浪漫派——诺瓦利斯和施莱格尔——试图拓展哲学家约翰·费希特的思想,后者试图把主体从发现意识的条件的需要中解放出来:它总是已经有这样的潜能了。但就像本雅明在谈到费希特时说的那样:

> 在反思中有……两个要素:直接性和无限性。这两个要素中的第一个为费希特的哲学指出了在那个直接性中寻找世界的起源和解释的路;但第二个要素模糊了那个直接性,并有待一个哲学过程把它(即无限性)从反思中消除。费希特和早期浪漫派共享这种对最高知识的直接性的兴趣。而他们对无限性的崇拜(这给了他们独特的印记)……使他们与费希特分道扬镳。
>
> (1996:125)

在重建费希特的思想及早期浪漫派与它的分歧之后,本雅明的论题转向了展示施莱格尔是怎样试图为这种新的浪漫派思想建构一个系统和形式的:施莱格尔怎样(如果可能)再现作为这种哲学的基础的直接却又无限的思想形式？施莱格尔所做的,是试图在形式中调和一方面的统一性和总体性与另一方面的无限的片段。施莱格尔倾向于拒绝"本质形相"(the eidetic,和柏拉图的理念、形式相关),后者构成或拥有一种生动持续的心像(imagery),特别是在童年时期(华兹华斯、象征的)。这种形式的思想经常与神秘的、神话的东西有关,它试图通过使思想对象征的构成开放来关闭思想,是一种通过譬喻来把握一个复杂整体的努力。相反,根据本雅明的观点,施莱格尔在语言中找到了一种对系统的思想的直观①:"术语是这样一个领域,在这个领域中,他(施莱格尔)的思想超越了论述性(discursivity)和论证性(demonstrability)。因为对他来说,术语、概念包含着系统的种子,它不过就是被执行的系统本身。"(1996:140)在这个复杂的表述中,本雅明明确了,对他的系统来说,语言的形式引出了总体的复杂性,这些复杂性又反映在最小的形式、最小的片段中。但那个片段依然在一个更加广泛的语言系统、一个无限的广阔区域中发挥着作用。施莱格尔试图在他于《雅典娜神殿》中生产的片段中捕捉这个系统。在这里,施莱格尔是在尝试重新思考该怎样书写哲学——这个任务不把思想及其再现构想为分裂的。

片段的表现,可见于一种对批评具体是什么的理解。对本雅明及浪漫派来说,批评是思想和艺术的基础。它是对"无限"的自反的意识。诺瓦利斯和施莱格尔从他们对费希特的解读中发展出来的对思想的无限性质的意识,也呈现在一种对艺术作品的理解中。对浪漫派来说,批评与其说是在我们所谓的批判的质的意义上存在的(我正在评价的对象有多"好"?),不如说是以自我批判的形式存在的,自我批判是这样一个觉知的过程:它决不允许思想达到某个稳定的、僵化的目的。与批判相反,批评变成了一个没有目的的手段。批判因此也就意味着,作品提

---

① 参见本雅明的论述:"施莱格尔的思考方式区别于许多神秘主义者的特征在于,它对本质形相不感兴趣;他既不诉诸理智直观,也不求助于迷狂状态。相反(用一个总结性的公式来说)他追求一种对系统的非本质形相的直观,并且他在语言中找到了这种直观。"(Benjamin 1996:139-140)

供了批判它自己的标准和可能,而诗的、艺术的、哲学的作品的基础,则是一个无限的批评计划。

浪漫派的批评概念,出自一种对启蒙,特别是对黑格尔式的批判的回应。在这里,在估量和斟酌过程压倒作品的时候,艺术遭到了批评的侵蚀,但它是作品仍被阅读的唯一理由。批评持续地拆解艺术、打碎艺术,以达到超越艺术的目的。思想和反思是通过对艺术品的权威的拒绝而出现的。就像本雅明说的那样,"批评意味着把思想拔高到远远超越所有限制条件的境界,这样,关于真理的知识,可以说,从对这些限制之虚假的洞见中,魔法般地跃出……在批评的名义下,浪漫派同时坦承了他们的努力不可避免的不充分,力图把这个不充分指定为必要的,并因而最终在这个概念中,指出它必然的——就像他们可能会说的那样——'在绝对正确上的不完全'(incompleteness of infallibility)"(1996:143)。所以,批评对本雅明来说——我要说,对阿甘本来说也一样——是一种批判的介入形式,这样的批判的介入否认我们可以通过格物来致知,相反,知识是以再现的形式出现的。如果我们可以回到生产批评的诗与哲学之间的分裂,那么我们就可以看到,阿甘本的实践是怎样与二者关联的。他对"回归"这样的点——在这个点上,这两个对立的领域可以再次统一——不感兴趣。相反,他力图探索这样的点——在这些点上,那个分裂的媒介和生产变得最为明显——并把注意力集中在他所谓的二者之间悬置的"情欲"上。批评是对那个分裂的再现的名称。

但对于对文学文本的解读来说,这又意味着什么呢?正如我反复指出的那样,阿甘本并不认为,哲学观念只能在某些地方出现。这在很大程度上是因为这样一个事实,即哲学认识却不能把握它的对象(语言)。在文本中,真理才得以通过语言出现。所以文学就像我们将在下文中看到的那样,是一个观念的"实验室"。但阿甘本的实践指出,真正的批评方法,不是表明关于一个文学文本的知识,而是试图通过批评的媒介来再现它的真理。所以,阿甘本对文学文本的解读经常是隐晦曲折的,加以说明才能让他的解读方法变得更加清楚。所以,在转向阿甘本的卡夫卡时,我要澄清这点,那就是这个说明的过程——我对阿甘本的卡夫卡的解读,并不是阿甘本意义上的批评。因为批评是一种精雕细琢的"再现",这种再现既不展示也不把握它的对象,而相反,只会再现它。

阿甘本和卡夫卡

阿甘本的作品反复地使用文学的角色和形象,这些角色和形象能够给他提供这样的点,在这些点上,通过创作的实践,某个"真理"出现了。他和许多批判理论家一样,也建构了他自己的作家"正典",我们可以这样概括他的"正典"作家:这些作家以欧洲人为主,大多是男性,要么在中世纪晚期,要么在十九世纪末和二十世纪初写作,并且他们都在纠结宗教和信仰的问题。当然也有例外,但阿甘本的文学形象,多数出自这些特别的历史时刻。我们可以把这些形象粗略分为两个类型:第一个类型是阈限的、奇怪的造物,他们超越了特定的划分(人/动物、人/神等),上演了许多临界的或"居间的"状态,这样的状态,就像我们已经看到的那样,对阿甘本来说是非常重要的。他称这类形象为"诗的非神学"(poetic atheology),我们可以把它解读为这样的历史节点(从伟大的德国诗人荷尔德林开始),在这个点上,诗能够记录主体性的空洞和某种超越之物的缺乏。就像阿甘本说的那样:

> 与一切否定神学相反的诗的非神学的特征在于,它与虚无主义和诗的实践的独特契合,多亏了这个契合,诗才变成这样的实验室,在那里,所有已知的形象都被拆解了,类人的或半神的新的造物出现了:荷尔德林的半神、克莱斯特的木偶、尼采的狄俄尼索斯、里尔克的天使和人偶、卡夫卡的奥德拉德克。

(*EP*:91)

就像我们在后文转向"属神的"与"渎神的"时即将看到的那样,阿甘本在这些非主体中发现了我们可能会想用"去主体化的"实体这个术语来命名的东西,即拆解我们被构造的、被强加的各种形式的主体性的意象。它们标志着这样一个点,在这点上,我们不再诉诸各种宗教形式的"超越",或就那个问题而言,不再诉诸任何形式的确定性和奠基。在这里,研究捷克德语作家弗朗茨·卡夫卡的创作是有用的,他的作品的特征就是一种奇怪的彼世性、一种受制于威权的偏执无助感,以及一系列作为人的扭曲意象的角色和形象。卡夫卡的名字和他许多作品的名称,散布在阿甘本的作品之中——从最早的作品(《无内容的人》),到最近的论文(《K》)。自1924年卡夫卡去世以来,学者们就一直在用力地挖掘他在身后留下的数目不多却异常密实的作品。最早的当然也是最有影响力的卡夫卡学者马克斯·布洛德,提出了一种神学的分析模式,而事实也证明,这种神学的分析模式已经成为卡夫卡研究的主流。在这种解读中,卡夫卡的世界观源于他对神学和神秘问题的兴趣,而卡夫卡的这个兴趣又源于他的犹太教信仰,而他作品中那些没完没了的对威权主义力量的否定描绘和各种次人的形象和形式,都源于某种类似"否定神学"(据说,支撑犹太教思想的就是这个"否定神学")的东西。对阿甘本来说,这种进路致力于遮蔽在卡夫卡那里运作着的政治,在许多地方,他都明确表达了对布洛德和那个追随他的诠释派别的批评。相反,阿甘本的卡夫卡是这样的,他对卡夫卡的批评轨迹是从瓦尔特·本雅明开始的。

本雅明在他关于卡夫卡的论文中相当明确地说过,不应该从要么"自然"要么"超自然"、要么"神学"要么"心理分析"的角度来解读卡夫卡。本雅明指出,相反,在卡夫卡的世界中,提供"通往正义之门"的是**学习**(study),以及在桑丘·潘萨这个谜一样的形象中,我们看到的某种类似自由的意象的东西。本雅明的解读的微妙之处和难点,依然有一种矛盾,但在这里,对一种学习形式——特别是"法律被学习却不再被实践"——的赞美是重要的。本雅明拒绝的对卡夫卡的心理分析式和宗教式解读,也都是不同形式的学习,但重要的是,它们都专注于某种类似 telos 的东西,一个我们可以聚焦的、超越当下的点——被治愈的精神分析对象,来临中的弥赛亚的王国。要研究没有实践可能性的法律,就像卡夫卡《新来的律师》("The New Advocate")中布塞法鲁斯博士做的那样,就要解除法律的力量,使法律失效。但对阿甘本和本雅明来说,弥赛亚的时间的踪迹也贯穿了卡夫卡的作品,这个特征从政治的解读来看,就大不一样了。在阿甘本的作品中,"使……非作"的过程,为"弥赛亚"的可能性提供了条件。正如他和本雅明在解读卡夫卡时说的那样,弥赛亚的来临,或者更确切地说,对他们俩来说,弥赛亚的时间(它在"神学"和"超自然"之外运作)的来临——这件几乎无法觉察的事情会带来改变,"造成轻微的调整"(Benjamin 2000:811)。使……非作,就是为这个"轻微的调整"铺路,因此,我们才可以开始思考卡夫卡的政治,一种经常被理解为弥赛亚(我们将在下一个章节探索这个术语)的政治。问题不在于在卡夫卡那里找出某种精神的或政治的世界观,相反,问题在于,在他的作品中看到一个悬置的动作,一种充满政治意味的非工作。

这些诗的非神学的范例形象之一——奥德拉德克出现在卡夫卡的系列小说《乡村医生》(A Country Doctor)中,对奥德拉德克最好的描述可能是一个拟人化的线轴,或上面有一个木十字架的平线轴。这个看起来古怪的家什,被赋予了一个人的属性——言语。这个短篇小说或(不到一页的)片段讲述了这个造物给一家之主带来的痛苦,这个家长在奥德拉德克那里看到了对另一个人的核心品质(对阿甘本来说如此)即必死性成问题的中断:

> 一切要死的东西,死前都有某种目标、某种活动,并在这个活动中耗尽自己;在奥德拉德克这里,不是这样。那么,有一天,它会不会在我的孩子和我的孩子的孩子脚下,拖着线头滚下楼梯呢?

它显然没有伤害任何人;但它可能比我长寿这个想法,才是最让我感到痛苦的。

(Kafka 1992:177)

这个看起来无生命的东西的生命,触发了许多关于阿甘本的作品的联想。除响应了他关于语言和关于渎神的作品之外,奥德拉德克作为一个被赋予了生命的无生命之物也是惊人的。阿甘本作品中几处匆匆提到奥德拉德克的地方之一,是《诗节》中一个题为"在奥德拉德克的世界中:面对商品的艺术作品"的章节。在这里,奥德拉德克扮演了一个在很大程度上沉默的角色,在文本中,阿甘本几乎没有分析这个故事,但在这里,奥德拉德克是这样一个世界的意象:在这个世界,商品拜物教的复杂性质,把物转变为远不止是它们的物质部分的总合的东西。与考察一个物、给它某种使用价值(这把斧子能帮我们砍树,给我们提供燃料和容身之所,因此它是有价值的)相反,我们给商品一种远远超越我们能用它们做的事情的价值(我会辛勤工作,攒几个月的钱来买一双名牌鞋,这双鞋的价格远远超越了一切使用价值)。奥德拉德克因此变成现代商品时代的一个象征,马克思认为,在这个世界中,我们给了物质之物一种神秘的或宗教的价值。所以,奥德拉德克被赋予了一堆奇怪的属性:人的(言语)和神秘的(不死性),这些属性标志着现有的范畴的破败与混乱,没有给我们留下任何基础——支撑我们的物质的、人的、宗教的基础。通过一个文学幻想,我们得以看到,何以一个形象就能够说明许多阿甘本关心的理论问题。它既构成对文学文本的解读,又构成了对这个文本的改造,但重要的是,它永远不会被穷尽,永远做出超越它的包括时刻的姿势,迫使读者主动地、批判地介入文学的形象和阿甘本更广泛的作品。

奥德拉德克是文学形象的"诗的非神学"的一个例子,同时阿甘本的作品中还有另一个文学形象的范畴:那些参与"实验"的文学形象。对阿甘本来说,文学是一个实验室,我们可以在其中探索本体论和伦理

的难题。就像阿甘本解释的那样:

> 不只科学,诗与思想也做实验。这些实验不只像在科学实验中那样,关心假设的真伪、某事物的发生还是不发生;它们还质问在被确定为真或伪之前超越真伪的存在本身。这些实验是无真理的,因为真理就是实验中探讨的问题。
>
> (P:260)

卡夫卡再一次为这些实验中最重要的两个提供了来源,这两个实验都是围绕使法律非作的尝试展开的。第一个实验是卡夫卡的短篇寓言《在法的门前》(这个寓言也出现在《审判》中)中那个乡下人的策略。这个故事说的是一个乡下人在法的门前,为从守门人那里获得进入权而等了一辈子。众所周知,德里达把它诠释为全然关乎"一个没有发生的事件",德里达认为,这个故事揭示了守门人什么也没有守,门只通往虚无。但对阿甘本来说,这只是看起来和虚无有关,把乡下人解读为法的幻想的受害者是错误的。相反,对阿甘本来说,门的开放构成了法的力量,而目标是把它关上。就像他说的那样,"这样想象是可能的:那个乡下人的全部行为,是为中断法的效力而把门关上的复杂而耐心的策略"(P:174)。这个策略是对那个弥赛亚的任务至关重要的元素,而这个任务似乎构成了阿甘本非作的政治的地平线。

在他最近的论文《K》中,阿甘本力图从根本上改变我们对 K 这个形象的理解,并因而通过对 K 这个字母的双重意义的复杂考察,从根本上改变我们对卡夫卡的小说《审判》和《城堡》的理解。在古希腊法中,kaluminator(诬告者)是一个做出虚假指控的人,因为他们对法律系统来说是如此危险,所以人们会在他们的额头烙上 K 形印记,以识别他们。阿甘本认为,我们因而必须把小说的主人公解读为一个控诉自己的人,并且我们必须认识到,"每个人"都处在和 K 相同的位置上。因此,通过自我指控加诸自我的审判,是所有审判中最没有意义的,因为它使控诉变得无用而空洞，这样一来，审判也只可能是这样的演练了：它暴露了某种类似"法律的结构性空洞"的东西。就像阿甘本说的那样，"因此，我们也就理解了所有自我诽谤的微妙，它是一种旨在使指控、使法对存在的可能影响失效和非作的策略"（"K"：16）。所以，他的自我指控，通过暴露作为一个系统和结构而非本质的法律，使他能够把自己从法律中"扣除"，为证明法律的非工作而进入法律。

如果说《审判》中的 K 扣除了自己，那么，《城堡》中的 K 也发挥了一个同样非作的功能，即打乱了给法律以管辖范围的边界。在这里，阿甘本把 K 追溯为 kardo① 的简写，这个名词也指罗马土地测量员划线的过程。阿甘本指出，在罗马法中，土地测量员是极其重要的，因为为了运作，法律需要它自己的边界和界线。kardo 也被用来量定 castrum，即城堡和军营。K 宣称他的工作是"确立边界"，他的名字也肯定了这点，表明我们必须把他的地位解读为土地测量员。但那个村子就像 K 被告知的那样，并不需要土地测量员，它已经被完全测绘出来了。但阿甘本是这样解读 K 的，他认为，K 是来重新测定高位与低位、城堡与村子之分的。但在城堡中和 K 来挑战的那个关系中，被象征的不是至高的主权者或神学的权力。相反，对阿甘本来说，这里被象征的是工作人员，他们把自己放到了高与低之间的界线上，他们维持着边界。这就是为什么 K 只与那些城堡的仆人互动，而从未见过威斯特-威斯伯爵，后者的存在实际上是非存在。现在，我们可以在这里看到与阿甘本关于《审判》中的法律的讨论相吻合之处了。它存在的条件是我们相信它存在——边界持续起作用是因为我们（城堡的工作人员）继续尊重它们。阿甘本指出，卡夫卡是对神圣者的"虚构"而不是神圣者本身提出了异议。所以，这些虚构伯爵的存在的仆人——是他们通过维持城堡的特权地位，给了城堡其结构的位置——取代了边界本身。

---

① 拉丁语，指古罗马城市或军营南北走向的大道，意大利语为 cardine，相应地，东西向的大道叫作 decumanus，意大利语为 decumano，kardo 和 decumanus 构成了居住区的基本轴线，kardo 也有界线的意思。

阿甘本在结论中提出的问题,强调了使所有支配我们对法律的构想的区分——结构的和物理的——非作的重要性:

> 一旦门(即管制下面这些对立项的关系的成文和不成文的法律系统)变得无效了,对(一度相互对立的)高位的和低位的、属神的和属人的、纯洁的和不纯洁的来说,会发生什么;对那个"真理的世界"(在卡夫卡肯定是中断了小说的创作而写的那个故事里,身为一只狗的主人翁研究的,正是这个世界)来说,又会发生什么?——这就是可为那个土地测量员所瞥见的东西。
>
> ("K": 26)

在这个例子中,我们可以清晰地看到,阿甘本是怎样用这些角色("形象"是一个更好的词)来中断情景,使各种形式的权力非作的。就像阿甘本澄清的那样,在这里,"边界"不是物理的,而是范畴的,是各种管制和分隔的系统,K力图使这些系统非作。但像属神的和属人的、高位的和低位的这样的范畴的非作,可以说,关乎形式更加被动的非作——一种结构的张力。阿甘本"诗的非神学"的形象,看起来和 K 还不一样,就像阿甘本在结束他的论文时做的那个奇怪的类比所肯定的那样——阿甘本把 K 的非作,拿来和卡夫卡的《一只狗的研究》("Investigation of a Dog")中主人翁探索的"真理的世界"比较。按一种非作的政治来读,这个故事提出了许多关于"非作"的和可能出现的各种形式的战略或策略的地平线的问题。

卡夫卡那个短篇小说的主人翁,是一只试图超越他的存在,认为自己的存在有限而庸俗的狗。但尽管他尽力去尝试了,并且也瞥见了另一种存在方式的可能性,他依然得为超越自己的动物的欲望和冲动而斗争。作为一只拟人化的狗,他是阿甘本赞美的非作的存在,"类人"(parahuman)之一。但在他的失败中,他为我们提供了一个非作的政治的重要特征,这个特征不是言语(就像在巴特比那里那样),而是沉默。故事的开头就引入了这个失败,或至少是引入了从根本上改变的无能:"我的生活发生了多么巨大的改变啊,可从根本上说,它又一点也没变!"这只狗的生活在年轻时经历了第一次变化,当时,他见证了一群狗发出"可怕的喧闹声",而这个喧闹声,矛盾地,又是一种形式的沉默:"它们没有说话,它们也没有歌唱,基本上它们保持着几近执拗的沉默,但从空洞的空气中,它们召唤出音乐。"这些狗沉默的音乐,对叙事者来说,使他瞥见了狗的另一个意象,就像叙事者说的那样:"这些狗在违背法律。"起初,它们对法律的违背,它们对回答另一只狗的呼唤的拒绝,让叙事者感到生气和反感,但它引发了对狗的身份的质疑和一系列"科学"实验,这些实验的目标是否定动物的欲望。

但否定是在叙事者与他的狗同胞无法沟通的时候,独自尝试的事情。他提出了一系列关于自己的假设的问题,这些问题以这种沟通的缺乏为中心:

"那么,宣告它吧,不仅仅以问题的形式,也作为答案。如果你说出来,谁会有能力抵抗你?狗的大合唱会加入你,就好像它一直在等待这个时刻。然后,你会得到你想要的全部真理、全部的明晰性、全部的供认。你如此诋毁的这种低下生活的屋顶会被掀起,而我们所有狗都会挨个儿向高处自由上升。即便我们不会实现那个最终的目标,即便事情会变得比以往更糟糕,即便全部的真理会比一半的真理更难忍受,即便这点会得到肯定——那些沉默的狗作为生命的保护者是正确的,即便我们现在还有的微小的希望会变成彻底的无望,说出来,还是值得尝试的,因为被许可的生活方式绝不是你想过的生活。那么,为什么你要谴责其他狗和它们的沉默,然后自己又保持沉默呢?"答案很简单:"因为我是一只狗。"

(2002:153)

所以,无可奈何地,那只狗屈服于"沉默的研究",他知道狗这个种族和作为狗的他,是没有能力改变的。这段话的政治意味和宗教意味,是不可避免的,他想要的改变的希望,都被这个事实削成了沉默:狗只能是狗(他自己),狗不能沟通,不能找到一个共同体。他继续这个孤独的形象:你可以问自己的唯一一个问题是"你能忍多久?"对此,他回答说:"我很可能会坚持到我自然的终点;因为对令人不安的问题来说,岁月带来的平静是更加有效的解药。我很可能会在沉默中,在沉默的包围下,平静地死去,而我几乎是泰然自若地盼望着那个结局。"回忆《审判》的结尾也很重要:"一个同伴的手已经伸到了 K 的咽喉处,同时,另一个同伴拔刀刺入他的心脏,转了两下。K 逐渐模糊的目光,还能看到他俩,脸挨着脸,在他面前,看着他死去。像只狗一样!他说。他的意思好像是,这件事的耻辱会比他活得更长久。"(1983:172)《一只狗的研究》剩下的故事是那只狗为了超越自己的狗性而拒绝食物的尝试,这个实验以失败而告终,濒死时,一只猎狗命令他离开自己的狩猎范围。他自己的结论是,他的实验已经失败了,但他在科学上的无能是以他自己的自由本能为中心的,这种本能驱动着他。我们的狗,作为一个做实验的非神学形象,是阿甘本的卡夫卡的例子,通过批判的过程,它既说明了,也重新表达了这个卡夫卡。

诗与散文

正如我已经指出的那样,阿甘本的作品给我们提供了各种把文学文本当作对批判的和哲学的问题的记录或索引来解读的方式,但我们也不能把他对文学的研究看作投机的读者的研究——在创作作品中搜寻批判范式的戏剧化表达。他关于诗与哲学的作品展现了一种对诗的形式和文学的历史的更大的意识。在许多重要的时刻,阿甘本的作品会转向诗——经常是为了展示"超越"特定哲学困境的可能,同时,他的作品中也总有一种对诗的形式的理解。如果我们还记得我们在第一章中提到的,阿甘本在《语言与死亡》中为指出一种不依赖海德格尔的传统遗留给我们的"不可言说的基础"的语言运用,而转向普罗旺斯诗人,那么我们就会发现,他是通过考察修辞的实践来做到这点的。类似地,在《诗节》的第三部分,他提供了对中世纪法语诗《玫瑰传奇》(*Roman de la Rose*)的长篇解读,又在《剩余的时间》中,他讨论了阿尔诺·达尼埃尔(Arnault Daniel)的六节诗。不过,试图从个例来总结阿甘本关于诗的作品是困难的。阿甘本可能会提供关于诗的重要性的明确说法,但这不意味着,我们可以永远用同一种方式来解读这些说法,或这些说法都有着重复的结构位置。我想指出,这是因为,在他的作品中,诗——出于这里的目的,我们将把诗等同于韵文传统——与诗学(就像我们在关于电影的讨论中大概看到的那样,诗学是一种更加普遍的再现形式的名称,这种再现形式以一种更加广泛的伦理与政治观为地平线)之间(不同寻常)的关系。

一眼看上去,《诗的终点》在特殊的意大利语境外就几乎没什么意义和相关性。这本书出自阿甘本在二十世纪七十年代与意大利作家伊塔洛·卡尔维诺和克劳迪奥·路加菲奥里(Claudio Rugafiori)的一系列讨论,在这些讨论中,他们试图创造大量可用来考察支配意大利文化的极概念(polar concepts)的"意大利范畴"。这个"计划"一直没有完成,阿甘本的这些论文就标志着一种把握支配从但丁到二十世纪诗人吉奥乔·卡普罗尼的意大利诗的诸多对立的尝试。尽管我不能详细地分析所有这些论文,但在这里,我还是会考察那些处理诗的结构,特别是声音与意义之间的关系的地方。在阿甘本看来,声音与意义之间的张力,是一切对困扰诗的结构的危机的理解不可或缺的一部分。

阿甘本的核心论题是,诗与散文的区别只在于跨行(enjambment)。这个正式的术语描述的是这样的情况:一个句子超出押韵的对句,在下一行诗句中延续,这样,句子的意义就和韵律的格律产生了张力。一段有内在韵律和格律的散文诗绝不会有这样的张力。就像阿甘本说的那样,"因此,我们把诗定义为这样一种话语,在诗的话语中,把格律的限制——这个限制本身也会在散文的语境中出现——和句法的限制对立起来是可能的;我们把散文定义为这样一种话语,在散文的话语中,这样的对立是不可能的"(EP：34)。以一首威廉·巴特勒·叶芝的诗《亚当的诅咒》("Adam's Curse")为例。在这里,诗的格律在散文中也可以得到还原,但诗的句法——跨行的句子——和格律之间的关系,创造出一种张力,在这个张力中,词的意义和语言的句法彼此对立,这就使它成为跨行的一个经典例子,并因此成为诗的话语的一个经典例子：

> We sat together at one summer's end,
> That beautiful mild woman, your close friend,
> And you and I, and talked of poetry.
> I said, "A line will take us hours maybe;
> Yet if it does not seem a moment's thought,
> Our stitching and unstitching has been naught.
> Better go down upon your marrow-bones
> And scrub a kitchen pavement, or break stones
> Like an old pauper, in all kinds of weather;
> For to articulate sweet sounds together
> Is to work harder than all these, and yet
> Be thought an idler by the noisy set
> Of bankers, schoolmasters, and clergymen
> The martyrs call the world."

> 在一个夏末,我们
> 那个美丽温柔的女人,你的密友,
> 以及你和我,坐在一起谈论诗歌。
> 我说,"一行诗可能花去我们数个小时;

> 但如果它看起来不像妙手偶得,
> 我们的缝了又拆就没了价值。
> 还不如让筋骨受累
> 像上了年纪的穷人,在各种天气
> 干擦洗厨房地板,或碎石的苦活;
> 因为接合美妙的声音
> 比所有这些活计都要艰难,而
> 被那群聒噪的
> 银行家、教师和教士认为是无所事事的
> 殉道者称之为世界。"

(1992:76)

叶芝的跨行在句法和形式之间强加了一种张力。以"Better go down upon your marrow-bones/And scrub a kitchen pavement, or break stones/Like an old pauper, in all kinds of weather"这句为例。在这里,英雄双韵体的形式与句子的意义对立了起来。没有第三行的话,这个对句就几乎是没有意义的。韵律和意义跨入了第三行,起到了暴露形式的收束的作用。因此,这个例子说明了阿甘本——承袭保罗·瓦莱里——的论题:诗是"声音和意义之间的踌躇"。

尽管这在诗体学(诗律的学问)中是一个常见的区分,但阿甘本更进一步地认为,诗为它的"终点"(在这个点上,声音和意义将重叠)所困。因为诗作为话语的特征,与维持或延长声音与意义之间的对立纠缠在一起,"诗的最后一句不是诗"。因此,诗的终点是诗与散文之间"不可确定"的那个点,它构成了某种类似诗的"危机"的东西,在这场危机中,"声音即将在意义的深渊中被摧毁"(EP:112—13)。但于阿甘本而言,这确切来说,正是没有发生的事情。声音和意义没有重叠,相反,结果只可能是沉默,是一种"无尽的坠落",阿甘本认为,在这个坠落中,诗终于可以完成它的任务了,"诗因而揭示了它骄傲的策略的目标:

使语言最终——不会在被说出的东西中保持不被说出的情况下——传达自身"(*EP*: 115)。这个谜一样的结论指出,诗的目标是通过把注意力引向语言的功能——"对传达性的传达"——而暴露语言的性质。但确切来说,这看起来是什么样子的?

答案是这样的诗,它通过把声音和意义对立起来,将语言推向各种张力点,或试图暴露诗本身的脆弱。在阿甘本的作品中,英语诗的例子很少,他的大多数例子都来自意大利语、法语和德语。他提到的诗人包括保罗·瓦莱里、但丁、吉奥乔·卡普罗尼、斯特方·马拉美、保罗·策兰、莱纳·马里亚·里尔克和弗里德里希·荷尔德林。不过,他的确在一个地方提到了美国诗人威廉·卡洛斯·威廉斯,说他是追随坡、马拉美等人的传统诗人。就像阿甘本在《诗节》中说的那样,"他的《帕特森》(*Paterson*),也许加上奥登的《焦虑的年代》(*The Age of Anxiety*),是当代诗在长诗上最成功的尝试"(*S*: 54)。尽管这对一些读者来说可能是一个古怪的选择,但在《诗节》的语境中,阿甘本的兴趣是浪漫派对作品的创作而不是作品本身的执念。对阿甘本来说,威廉斯是这样一位诗人,对他来说,作品的不可能性和对这个不可能性的反思,取代了作品本身。就像我们可以看到的那样,阿甘本把威廉斯放到了一个可以回溯到我们之前讨论过的耶拿浪漫派的谱系上。

但我想指出,这个对威廉·卡洛斯·威廉斯的参照可以提供的不只是一个古怪的旁白。如果阿甘本相信跨行是诗保持诗与散文之分的努力,那么威廉斯就是那些致力于使这样的张力缓和的诗人之一。为展示阿甘本感兴趣的那种诗的形式,在这里,我将简要地评注阿甘本强调过的威廉斯那首《帕特森》的第二部分。这首长诗(有人可能会用"史诗"这个术语)写的是威廉斯的故乡,美国新泽西州的帕特森城。对威廉斯来说,欧洲诗的形式一直是有限的,对诗人强加了一种限制性的韵律,这种韵律使诗人远离了美语的自然韵律的直接性。对威廉斯来说,真正的美语诗,也是一种能够谈论像帕特森这样的地方的诗,它必须使自己摆脱欧洲诗的形式的束缚,并在那些于美国的口音中自然出现的形式中，发现自己的韵律。（在这里听一听威廉斯朗读《帕特森》的录音是有帮助的；详见 Williams nd。）但也不能说在威廉斯这里，就没有诗的形式了。相反，威廉斯的诗是一种高度风格化的诗，它暴露了诗与散文之间的最小差异，并允许诗表达自己。

  威廉斯的晚期诗歌以布局和声音的实验为特征。他经常会在自由诗和成段的散文之间切换。他的诗用各种各样的安排，来吸引读者注意声音和强加的形式之间的张力，但他的诗又绝不是"自由的"。对威廉斯来说，自由诗这个观念从术语来说就是矛盾的。它要么有韵律要么没有韵律，没有韵律的话，你就很难说它是诗了。所以，威廉斯的诗中出现了各种形式的内在韵律，这些韵律和表面的意义及句法一起，起到了生产一种微妙的张力的作用，而这种张力，又能够在语言中揭示一种对词本身的表达。尽管这看起来可能是合乎逻辑的，即这个类型的诗歌在形式上将类似 E. E. 卡明斯臭名昭著的"草蜢"诗，但是，我要指出，阿甘本对像卡普罗尼那样的诗人的分析指出了某种微妙得多的东西。以下面这段出自《帕特森》的文字为例：

> The descent
>   made up of despair
>   and without accomplishment
> realizes a new awakening :
>   which is a reversal
> of despair.
>   For what we cannot accomplish, what
> is denied to love,
>   what we have lost in the anticipation —
>   a descent follows,
> endless and indestructible.

血统
　　　　由绝望构成的
　　　　而没有成就的
　　　实现了一种新的觉醒
　　　　　　　　　　反转了：
绝望。
　　　　我们不能完成的，
　　　爱得不到的，
　　　我们在期望中失去的——
　　　　　一个血统紧跟其后，
无穷无尽坚不可摧。

（Williams 2000：261—262）

如果你去掉所有换行和空白的地方,这段话读起来就像一篇散文诗,它有它内部的韵律和精心安排的标点符号。但空白以散文不可能做到的方式把我们的注意力吸引到韵律上,迫使我们去问,对空白不规则的安排是不是强调了某个词,把一些术语单独拿出来,并挑战了句法层面上固有的"意义"。还有一眼看下来的读法的可能性,那就是,一眼看到页底,而不是逐行地读。因为一眼看下来的第一句诗的意义的纠结——人们把爱从绝望的血统中救出来了吗?"无穷无尽坚不可摧"的是血统还是爱?——这些张力也就得到了进一步凸显。无论你选择按怎样的顺序来读这首诗,怎样给它加上韵律和句法的限制,这首诗都会给你这样一种经验:它让你意识到,语言本身什么也没说,相反,语言就只是它自己而已,被困在一个"无穷无尽"的血统中,但这个血统,就其坚不可摧而言,又不是末世的。相反,它是异言的(glossolalic)[①],如此,它也就被灌输了一种意谓的潜能,但又有不意谓的潜能,例示了这样一

---

① 在基督教语境中也意为"说方言的"。

种诗,语言把注意力引向它自己的发生和它的生命力,这就响应了阿甘本自己对"无尽的坠落"(标志着诗的观念)的识别。在《自传》(*Autobiography*)中,威廉斯提供了以下受瀑布启发的关于诗的角色的惊人评论:"瀑布在撞到它底下的岩石上的时候发出一声咆哮。在想象中,这个咆哮是一种言语或一种声音,一种特殊的声音;对它的回答就是诗本身。"(1951:392)这个用"语言本身"来回答言语的诗的观念,为阿甘本自己关于诗和更普遍的语言的作品,提供了一个适当的比喻。瀑布的咆哮象征着我们不可能进入的声音。诗则是用语言本身不必然包含意义的表达来回应的手段,它也是**声音**震耳欲聋的沉默的唯一答案。

走向一种诗学

就像我在本书中已经指出的那样,我们可以把阿甘本关于语言、政治、艺术和电影的作品放到一起看,它们都是一个统一的、持久的哲学计划的一部分。我已经提供了许多对诗学的定义,但在这里,这么说就够了:诗学与一种再现的形式,一种把注意力引向我们试图介入的媒介模式有关。因此,一切都可以是"诗学的"。在这个关于文学的章节的结尾,我想指出,何以我们可以通过介入詹姆斯·乔伊斯的作品——以及由此可推,通过介入一般而言的散文文学作品——来思考普遍意义上的诗学。乔伊斯的《芬尼根的守灵夜》依然是一本任何对英语文学真正感兴趣的人,在某个时候都会读到的书。无论你对它的态度是贬低还是激赏,《芬尼根的守灵夜》对英语这门语言的摧毁和重建都依然是无与伦比的。在阿甘本的作品中,《芬尼根的守灵夜》也扮演了一个大牌配角的角色,我们可以用阿甘本对它的简要分析,来展示何以在对英语散文作品的研究中,我们也可以应用乔伊斯的作品。在《幼年与历史》中,阿甘本对"经验"的探索在最后一个章节中,转向了一个关于语言的问题。在这里,成问题的是,除通过语言外,把握内心深处感觉到的经验的(不)可能性。阿甘本使用了 *Erlebnisse* 这个德语词①,事实证明,这个词不可能被翻译为英文。*Erlebnisse* 确切来说和经验还不一样,它指的是一种内心深处感觉到的"亲身经历"的经验。阿甘本关于经验的毁灭的论文确切来说谈论的也正是这些各种形式的激情拥有的(passionately held)经验及其再现的毁灭。在他看来,乔伊斯把握了当代"再现"经验的无能。乔伊斯的"清醒确切来说就在于他理解了,意识流除'独白'的现实——确切地说,即语言的现实——外别无现实。因此在《芬尼根的守灵夜》中,内心的独白才可以让位于一种神秘的、超越一切'亲身经历的经验'或任何先在的心灵现实的语言的绝对主义"(*IH*:54—55)。在这里,阿甘本把乔伊斯的书等同于语言的独白这点是重要的。众所周知,《芬尼根的守灵夜》是由大量使用"混成"词(portmanteau)的腐化的英语构成的。在刘易斯·卡罗尔的《镜中奇遇记》(*Through the Looking Glass*)中,在爱丽丝问汉普蒂·邓普蒂(蛋头先生)slithy 这个词的意思时,汉普蒂·邓普蒂就描述过这样的词:"slithy 的意思是'lithe(灵活的)和 slimy(黏糊糊的)'。lithe(灵活的)同 active(活动的)。你瞧,它就像一个混成词——一个词里装了两个意思。"(1998:187)乔伊斯的书采用了混成词和语音书写,试图在书写

---

① 齐格蒙特·鲍曼对 *Erfahrungen* 和 *Erlebnisse* 这对术语做过一个通俗的解释:"*Erfgahrungen* 是在我与世界互动的时候,发生在我身上的事情;*Erlebnisse* 则是在那个相遇过程中'我的亲身体验'——是我对发生的事情的感知和我消化它使它变得可理解的努力的联合产物。*Erfgahrungen* 可以对客观性(超个人性或个人间性)的地位提出要求并且它也的确提出了这样的要求,而 *Erlebnisse* 呢,则显然、公然以及确然是主观的;如此,在英语中,我们可以略微简单化地把这两个概念分别翻译为经验的客观和主观方面;或者,略加诠释地把它们翻译为未经行动者处理的和经过行动者处理的经验。前者可被呈现为来自外部世界的对行动者的报告;后者则来自行动者"内部",与私人的想法、印象和感情有关,只能以行动者自己的报告的形式出现。在第一个范畴的报告中,我们听到的是被称为'事实'的,可在个人间检验的事件;而后一种报告的内容则不可在个人间检验——可以说,在第二种报告中,行动者报告的信念是终极的(和唯一的)'事实真相'。"参见 Zygmunt Bauman, *What Use Is Sociology?*: *Conversations with Michael-Hviid Jacobsen and Keith Tester*, Polity, 2014, pp.16-17。

中捕捉"言说"的韵律。《芬尼根的守灵夜》的开头就可以让我们了解乔伊斯的新语言世界的奇怪:

> riverrun, past Eve and Adam's, from swerve of shore to bend of bay, brings us by a commodius vicus of recirculation back to Howth Castle and Environs.
> 河流,过夏娃和亚当之家,从岸的转折和湾的弯曲,通过回环的宽袤的维科街把我们带回霍斯堡和郊外。

接着,下一个句子包含了大量令人费解的混成词,如,wielderfight, penisolate, themselse, mumper all, tauftauf thuartpeatrick, kidscad regginbrow 等(Joyce 2000a: 3)。这种语言的不可读,迫使我们进入一个破译的过程,一种对意义的探寻。我们知道这是英语,只要我们可以重建词,把它翻译为"常规的"英语,它就说得通了。这是解读《芬尼根的守灵夜》的主流方式之一,许多评论者试图重建情节、背景和角色,或试图生产出一种具有象征性统一的叙述。与此同时,他们似乎是在试图指出,不仅意义和秩序是可能的,这事实上还是可欲的。阿甘本关于《芬尼根的守灵夜》的简短笔记,是对这种诠释方法的反驳。阿甘本更倾向于把注意力引向这个事实,即这是语言的独白(我们可以回想海德格尔关于言说自己的语言的叙述)。除指出这个事实外,不必再多说什么。

阿甘本把乔伊斯的作品识别为语言的独白,是在试图使我们离开索绪尔式的语言学模型,在这个模型中,我们是这样看待语言的,认为词只有在联系其他词的时候,才会有意思:词本身是没有意思的。阿甘本把这个模型和古希腊神话中的俄狄浦斯放到了一起,同时,阿甘本想从斯芬克斯的视点,指出一个新的模型。在大多数版本的故事中,斯芬克斯是一个动物形的形象,她有狮子的身体和女人的头颅。她守卫着底比斯城的入口,给每个希望离开或进入的旅人出一个谜题,并将扼死和吞噬不能回答的人。据说,斯芬克斯的谜题是这样的:"什么造物在早上用四条腿走路,在中午用两条腿走路而在晚上用三条腿走路?"俄狄浦斯给出了正确的答案——"人,他在出生时爬行,在成年时步行,在老年时拄着拐杖走路"。被打败的斯芬克斯跳下她盘踞的高高的岩石摔死了。阿甘本的主张是,索绪尔式的符号学永远把语言设定为一个谜题,一个谜一样的隐藏了它的所指的能指。而接受一种从斯芬克斯的视点出发的符号学则意味着这样看待语言——它不是隐藏了意义,而是悬置了通向意义的必要动力:

> 斯芬克斯提出的,不只是某种所指被隐藏和遮蔽在一个"谜一样的"能指下面的东西,而是这样一种言语模式——在一个在无限地与其对象保持距离的情况下接近其对象的词的矛盾中,在场的原始断裂被指出了。

(S:138)

尽管阿甘本本人在这种符号学的确切的辨识标志——它看起来可能是什么样子的,它是怎样意指的——上依然保持神秘,但乔伊斯在《芬尼根的守灵夜》中的模型,把我们引向了这样一种词的处境:它在接近它的对象的同时,又与之保持距离。不过,在这里我们认为语言的对象不是某个所指,相反,语言的对象就是语言本身,而在乔伊斯那里,就像在阿甘本那里那样,在意指的模型崩溃,词停止意谓而开始言说它们自己的时候,语言是能够接近自己的。我们必须超越像文学的"谜一样的能指"那样的东西,而相反,对语言自己的完满的空洞开放。

那么,这是不是说,阿甘本式的文学从性质上说就一定是实验性的、不可读的?很难说是这样,因为正如我已经阐述的那样,诗学可以是微妙的,只要它从它的媒介引出一种内在的非作。也许我可以用另一个来自乔伊斯的例子结尾,在这个例子中,乔伊斯更加微妙地实现了对无效意指的语言的暴露。众所周知,乔伊斯的《都柏林人》

(Dubliners)(2000b)的最后一个故事《死者》,是从一个佣人的视角开始的(175)。

在这段话中,叙事者为捕捉莉莉对语言的误用而使用的自由-间接的话语,暴露了语言本身的媒介。从太过于常见的对 literally(严格来说,从字面来看)①这个词的误用,到令人遗憾的形容词(气喘吁吁的)②,再到糟糕的句法("她不必招待那些女士也好在")③,这段话迫使我们质问媒介而不是意义。显然,乔伊斯之所以选择这么做,原因有很多。首先,他想通过在没有明确转换的情况下,提供形成对照的叙事风格(莉莉和加布里埃尔),来质疑一直以来支配着现实主义小说的那个全知的叙事者。其次,他想破坏不能公正对待言语的复杂和微妙的书写的词的主导地位。再次,他想提供一个断裂的叙事声音,以突出故事最后一幕戏剧性的诗的美丽,在故事的最后,加布里埃尔在艺术技巧上浮夸做作的努力,让位给了一个统一了的统一的声音。无论这是不是一个完全符合阿甘本对诗学的理解的例子,这点应该是明确的,即甚至在这个相对"常规的"散文文学作品中,乔伊斯也迫使我们进入了这样一个立场:我们把语言当作它自己的媒介,允许语言为自己说话。他是用一个超越了文本的结尾,通过把他自己的文学当作"实验室"来使用而做到这点的。

总　结

文学给阿甘本提供了许多重要的时刻。首先,它允许他质疑诗与语言的关系,这就让他可以更加清晰地定义他自己的"批评"实践。其次,它给他提供了一系列的角色,这些角色是非作的形象的例子,它们

---

① 叙事者用 literally 来说莉莉脚不沾地地跑。
② 叙事者说门铃气喘吁吁。
③ 正确的语法是,好在她不必招待那些女士。

使对复杂的哲学形式进行一种戏剧性的表达变得可能。再次，诗持续把自己和散文区分开的尝试，使他能够探索诗与被语言覆盖的"声音"的关系。最后，它为一种对"诗学"——那个更加广泛的再现系统，这个再现系统为考察其过渡的媒介，而悬置了形式和内容之间的关系——的理解奠定了基础。

7　见证与弥赛亚时间

如果说阿甘本把文学看作"实验室"的话,那么他也把文学看作一个这样的空间,他在这个空间中探索了一些最为迫切的伦理学问题。的确,在试图为伦理学标绘一个新空间时,他转向的是文学、诗学。在下文中,我将介绍阿甘本通过对奥斯维辛和大屠杀叙事中的见证问题的探索,对战后伦理学领域的介入。然后,我们将进而讨论渎神的观念,在阿甘本的作品中,渎神是思考在资本主义之下遭到侵蚀的、始于属神的和凡俗的领域之间的分离逻辑的手段。他对"亵渎不可亵渎之物"的号召,再次与来临中的一代人的任务联系到了一起。接着,我们将在关于"弥赛亚"、现在的时间的讨论中,探索支撑阿甘本的政治的时间性,这种时间性肯定了,当下总是介入了那个追寻气质的真正的"伦理学"空间。

伦理学

哲学有许多核心问题,但对哲学的所有分支来说,最好的生活方式这个问题都是基本的。从柏拉图的《理想国》到洛克,再到像彼得·辛格(Peter Singer)那样的当代哲学家,哲学一直是一个致力于探索和追

117　问什么是"好生活"的过程。甚至对阿甘本的同时代人阿兰·巴迪欧——他认为伦理学从根本上说是有限的和邪恶的——来说,也有谈论这个话题的必要,哪怕是以否定的方式来谈。阿甘本的伦理学的第一原则是把握这点,即"不存在人必须执行或实现的本质、历史的或精神的使命、生物的命运"(CC：43)。因为不存在什么 *telos*,即起源或使命,所以存在的只是人固有的潜能而已,而发现那个潜能,就是最重要的伦理学任务。因此,对阿甘本来说,唯一邪恶的,是把潜能视为必须压抑的威胁。对阿甘本来说,我们必须拒绝所有形式的对现实性的优越性的坚持,以及一切灌输和固定意义的企图。

但早期这个出自《来临中的共同体》的关于伦理学的讨论,还不是故事的全部。把伦理问题放到 *homo sacer* 系列作品中讨论的时候,在那些关键的时刻,阿甘本对伦理学的理解,变成了理解人的羞耻的基础,而这再次把他引向语言和各种关于再现的问题。所以,阿甘本对伦理学的任务这个问题的回答是复杂而多面的,我们可以把他的回答分为两个方面：

  1. 伦理学在面对最大的恶的问题的时候,不是要判断或谴责,而是要试图执行记忆和再现那些遭受最大不义的人这个不可能的任务。因此,伦理学是一个历史和语言的问题。

  2. 伦理学是试图建构一种新的共同体观念的任务,因此,它要做的是批判当下的权力系统和结构,并思考使这种新的气质能够出现的潜能的条件。因此,伦理学是一个政治的问题。

尽管这是对阿甘本理解伦理学的进路的一种简化的图式化,但它可以让我们非常明确地看到,阿甘本作品的每一个部分都与其他部分密不可分。一切假定某种不同时也是政治的并与作为一个哲学问题的语言密切相关的伦理学的尝试,从根本上说都是不伦理的。所以,在下文中,必然会有一些对先前章节的复述,这些复述应该起到有用的重复的作用,它们从新的角度来看待我们迄今为止已经追溯过的阿甘本思想的不同元素。

虽然,就像我们之前看到的那样,一直以来,和米歇尔·福柯的作品一样,阿甘本的作品关心的,是暴露西方政治传统中治理权力的行使,但它也在观察这个主权权力的产物。在阿甘本更广泛的作品中,这些(作为主权权力的产物的)形象至关重要,它们能帮助我们通过考察主权生产的诸如 homo sacer 此类的阈限形象,来追踪主权的逻辑。尽管伦理学经常被思考为一种对那些于我们来说是"他者"的人的开放,但阿甘本重构了关于伦理学的讨论,把伦理学设定为"见证"那些在这个主权权力的执行中遭到最残忍对待的人,或为他们"作证"的任务。

奥斯维辛

为图绘阿甘本对伦理学的理解,有必要通过简要地探索奥斯维辛在当代思想中的地位,来给他的介入提供一些背景。在当代哲学和批判理论中,二十世纪期间纳粹党搞的大屠杀,是一个不可逃避的伦理的地平线。任何在大屠杀之后写作的人都一定会提出该怎样解释这个所有事件中最可怕的事件的问题,他也一定会问,未来怎样避免这样的事件发生。在这个历史的黑暗时期犯下的所有邪恶中,在奥斯维辛发生的那些——规模如此巨大的对人的生命成系统的摧毁——形成了一个象征的中心。在二十世纪四五十年代,随着暴行规模的真实图景的浮现,在不首先面对奥斯维辛问题的情况下,思考"好生活"、参与任何智识活动都变得不可能了。众所周知,德国哲学家西奥多·阿多诺说过"甚至对毁灭的最极端的意识,也有堕落为无用的喋喋不休的危险。文化批评发现自己面对着文化与野蛮的辩证的最终阶段。在奥斯维辛之后写诗是野蛮的"(1981:34)。这个陈述,强调了大屠杀的严重性:在

"二战"后,对许多人来说,你能提出的唯一一个伦理和哲学问题是怎样避免集中营的恐怖。

在对大屠杀的哲学回应中,埃马纽埃尔·列维纳斯(1906—1995)的回应一直是重要的。列维纳斯是一个立陶宛出生的犹太人,上过马丁·海德格尔和埃德蒙德·胡塞尔的研讨课,是战后法国知识界的重要人物。他主要以关于伦理学和"他者"或他性的作品而著称。这部作品在从和他差不多同时代的雅克·德里达的哲学到后殖民研究和批判的法学理论等多个领域产生了重要影响。曾沦为战俘的列维纳斯的许多作品,都致力于回答这个问题:主体间关系这个现象是怎样运作的。对列维纳斯来说,这个问题的核心是他者的呼唤、对他者的伦理义务的重要性。重要的是,这不是一个言语的呼唤,我不需要真的听见他者的呼声,就可以感觉到回应的必要性。所以,对列维纳斯来说,语言永远是一种形式的回应,我必须回应他者,才能获得语言的基础。因此,语言和存在都取决于他者的在场,而伦理学的任务,就是我对他者的责任,既是从传统的责任观念的角度来说的责任,也是回应他者的呼唤的责任。这种形式的与他者"面对面",是列维纳斯为阻止伦理学变成某个目的(比如说,某个关于好生活的集体观念)的手段,使伦理学可以不只是手段,使之能够否定"超越作为自我的他者的经验的超越原则"这个观念而做出的努力。

阿甘本的作品明确提到列维纳斯的地方不多,《奥斯维辛的剩余:见证与档案》中关于羞耻的简短讨论是一个例外,但可以说,针对支撑列维纳斯/德里达对伦理学和他们与大屠杀的关系的叙述的原则,阿甘本提出了一种沉默的批判。阿甘本的研究《奥斯维辛的剩余》——*homo sacer* 系列第三卷——力图涵盖对伦理学问题来说一个不起眼的领域——见证的领域。在前言中,阿甘本指出,一直以来,我们都有这样一种倾向,要么把奥斯维辛的问题简单化,要么把它变得晦涩难解:"有的人想过多和过快地理解;他们为一切给出了解释。其他人则拒绝理解;他们只提供廉价的故弄玄虚。唯一的出路,是调查这两个选项之间的空间。"尽管你可以猜测在这里阿甘本说的是谁,但他的目标是明确的——理解大屠杀一个很小的方面——那些幸存下来的人写的证言。阿甘本以最谦逊的方式描述了这个目标:"对我自己来说,要是通过定位证言的地位和主题,我能够树立一些能够为未来新伦理学领土的地图测量员指示方向的路标,那么我就会对自己的工作感到满意了。"(RA:13)但这个谦虚只是表面上的,因为阿甘本指出,他致力于锚定的是"新伦理学领土",这个领域与对他者的现象学叙述无关,而与语言问题、与对"人"的观念本身的见证有关。

阿甘本的书在一个层面上说,是对大屠杀叙事的直接研究。他直截了当地指出,这些叙事以那些为幸存而感到某种羞耻的幸存者为主:他们见证,但见证什么?他们并没有遭受终极的不义——死亡,相反,他们幸存了下来,并且永远不可能公正地对待那些不能见证的人的经验。见证和见证的难题,变成了阿甘本介入伦理学争论的基础。在评论基塔·瑟伦利(Gitta Sereny)关于集中营的叙事时,阿甘本说,"它标志着他的见证能力确定无疑的毁灭,'那个黑暗'在自身上的绝望的坍塌。希腊的英雄永远离开我们了;他不能再以任何方式为我们见证。奥斯维辛之后,在伦理学中使用悲剧的范式是不可能的了"(RA:99)。悲剧——作为一个再现伦理学和苦难经验的模型——的终结,从根本上与这个见证的不可能性相关。对阿甘本来说,见证是这样一个过程,他为我们提供了作为主体性基础的终极的羞耻。尽管这样诠释普里莫·莱维和罗伯特·安泰尔姆这类作家的叙事——认为它暴露了幸存之罪——是容易的,但阿甘本坚持,它实际上是一种羞耻的经验。对阿甘本来说,伦理学是一个真正哲学的空间,而与法律相关的罪,却不可能是一个伦理的范畴。法律试图创造规范的原则,然后,规范的原则变成了道德的准则和界分对错的尝试。就像阿甘本说的那样,"伦理学是既不识别罪也不识别责任的领域;斯宾诺莎也明白,伦理学是关于幸福生活的学说。假设罪和责任——这样的假设有时可能是必要的——就是离开伦理学的领域,进入法的领域。无论是谁,只要迈出这艰难的一步,就不能再想着可以通过在他身后关闭的门回来了"(RA:24)。阿甘本指出,这是世俗文化中,法律原则与伦理原则结盟带来的结果,而不是基督教的遗产。阿甘本断言,见证事实上就是一个"不见证,除见证的不可能性外什么也不能见证"的实例,因此,伦理学不在法律的领域,而在别处,在语言之中,罪的法律方面也变得重要起来。

见证之艰难本质上关乎语言在表达集中营经验上的失败。但这不是说,阿甘本会支持阿多诺那个著名的宣告,即在奥斯维辛之后,写诗是野蛮的。相反,奥斯维辛缓和了诗的或者说诗学的必然性。如果我们还记得前几章的内容和阿甘本提出的政治和哲学都必须忠于诗,忠于语言的发生、"声音与意义之间的踌躇",那么说伦理学是一个语言问题,而不像其他人可能坚持的那样是一个法律问题,就不奇怪了。证言因此也就变成了某种不可说的东西。我们不应到幸存者的证言中寻找某种意义,寻找某种有助于我们理解的伦理真理的金块,相反,对阿甘本来说,我们应该寻找这样的时刻:在那一刻,语言破碎了,它变得非作,除"那没有语言的东西"外什么也不能见证。阿甘本给出了大量集中营幸存者叙事的实例,它们都以非作的、不传达意义的语言为中心。其中最令人震惊的是普里莫·莱维的例子,他描述了胡布里内克,"一个无名之辈,一个死亡之子,一个奥斯维辛之子"的咿呀学语声。这个孩子在他临终的床上,反复地说一个词,不管周围的人多么努力,都没法理解这个词。这个被莱维笔录为 *mass-klo* 或 *matisklo* 的词,对阿甘本来说,同时发挥了语言内与外的功能。如果我们还记得阿甘本对这样一种符号学——这种符号学与那种必然性,即词一定有意义无关——的呼吁,那么我们很快就知道该怎样解读这个词了。阿甘本指出,莱维理解了,这是一个应该保持"无定义"状态的词,但矛盾地,莱维又认为自己"通过我的这些话,见证"了胡布里内克的记忆。对阿甘本来说,胡布里内克的案例揭示了,伦理学、见证要做的,是记录见证除语言外任何事物的无能:"见证的语言,是这样一种语言,它不再意指,并在不意指的同时,闯进没有语言的东西,以至于承担一种不同的意

义——彻底的见证人,按定义来说不可能见证的人的意义。"(RA：39)
而不可能见证的人,正是死者,集中营的沉默的形象。

阿甘本关于集中营的评论最惊人的特征是 Muselmann(穆斯林人)的形象,这个词的直译就是"穆斯林"。这个术语的确切含义及其起源尚不清楚,并且在这方面,存在许多相互竞争的诠释。一些人声称这是因为这些营养严重不足的人变成了集中营的"活死人",生理崩溃、心理茫然的他们跪在地上寻找食物,从远处看,给人"礼拜的穆斯林"的印象,并由此而得名。但对阿甘本来说,"对这个术语最可能的解释,可见于'穆斯林'这个阿拉伯语词的字面含义:无条件地顺从真主意志的人"(RA：45)。这些作为"终极的见证人"的形象的力量在于,他们进入了一个人与非人之间的不可区分的区域。他们从生理上说还活着,但已经死了,已经把自己托付给自己的命运。这当然让人想起阿甘本的 Homo Sacer,而 Muselmann 这个词最早也是在那本书中出现的。如此,Muselmann 体现了主权权力是如何运作,来生产出各种形式的赤裸生命的。Muselmann 就是集中营的 homo sacer。但这个系列的第一卷关注的主要是考察赤裸生命的生产,而《奥斯维辛的剩余》这一卷——它是 homo sacer 系列的第三卷——考察的,却是关于见证这些形象的努力的问题。

作为一个伦理任务,这引出了许多问题:如果 Muselmann 不能讲话,那么我们该怎样理解他的视角呢?如果一个人必须死去才会变成一个 Muselmann,那么他们还能讲述自己的故事吗?使用哪种语言,才能在不再次施加使他们沉默的暴力的情况下,使这些形象说话?阿甘本坦率地承认了回答这些问题的困难:"Muselmann 既没有看到也不知道任何事情。这就是为什么见证 Muselmann,试图思考看到的不可能性,不是一个简单的任务。"(RA：54)如果我们还记得之前关于语言和 homo sacer 的讨论,那么我们就会看到 Muselmann 的形象背后一些更为宽泛的哲学问题了。作为 homo sacer 的一种形式,Muselmann 是既不是人,也不是非人的形象。他代表了生命政治机器的产物,并因此而指出生命政治机器的"包括性的排除"(inclusive exclusion)的逻辑。因此，Muselmann 有助于说明支配西方政治传统的那些矛盾。但如果人是语言的场所、位置——言说的存在，那么，语言怎样才能表达 Muselmann 的非人呢？现在我们可以看到，阿甘本的伦理学是一种再现的伦理学，以及何以写大屠杀的尝试就是寻找一种新的伦理学语言的尝试。

这种新的伦理学语言，可以说是一种沉默的语言。在这里，考察阿甘本关于罗伯特·安泰尔姆的回忆录《人的种族》(The Human Race)的叙述，是有用的。阿甘本把注意力集中在一个来自博洛尼亚的年轻人的事故上，他被无差别地拉出人群枪毙了。这个年轻人表面上的尴尬，一眼看上去是不同寻常的。为什么一个人会因为被枪毙而感到尴尬？对安泰尔姆和这个年轻人周围的人来说，他脸上的粉红色被解读为一个普世的条件："准备好赴死——我想我们都做好了死的准备。但准备好被随机地选出来杀死？不。如果手指指向我，我会惊奇，我的脸会变得粉红，像那个意大利人的脸一样。"(1992：232)阿甘本说，他的脸红"暴露了一个被达到的极限，就好像，在有生命的存在中，某种类似新的伦理材料的东西被触及了。自然，这不是他在另一种情况下就能够见证的事实，通过语言，他也可以表达那个事实。无论如何，他的脸红就像一个沉默的撇号，为见证他而飞跃时间触及我们"(RA：104)。在阿甘本把主体的羞耻和语言的形式性等同起来的时候，这绝不是一个诗的奇喻的时刻。对阿甘本来说，正是这个不能见证、不能传达除传达本身外的经验的动作，强调了这种新的对伦理学的概念化思考。

如果我们把人等同于言说的存在（许多哲学家和作家都这么做过），那么这点也就就不奇怪了，即阿甘本的羞耻概念——在语言的表达的极限上的那个东西——指的也是在我们的主体概念、我们关于"人"的概念的极限处的那个东西。在羞耻的脸红出现的那个时刻，那不是为某个个体做的某件事情而感到的羞耻，而是因为不得不死去，因为如此轻易地被毁灭而感到的羞耻。就像阿甘本说的那样，"主体除它自己的去主体化外别无内容；它于是见证了它自己的失序，它自己作为主体的湮灭。这个既是主体化又是去主体化的双重运动，就是羞耻"（RA：106）。羞耻与语言之间的关系，从那个来自博洛尼亚的年轻人的脸红到飞跃的撒谎的运动，是这样的，它尽管复杂，却为阿甘本的新伦理学概念提供了本质，并为我们思考写作行为的方式，提供了一种挑衅。

在这里，简要地考察阿甘本对主体化和去主体化之间的关系的理解或许会有帮助。正如我在第四章中已经指出的那样，阿甘本和福柯一样，看到生命权力的装置起到了建构主体的作用，但同时，在那里，也有一种相反的去主体化的可能性。就像阿甘本在一次访谈中说的那样，"今天，在我看来，政治的领域是一种战场，在这个战场上，同时有两个进程在展开：对所有传统的认同的破坏（当然，此处我绝无怀旧的意思），以及，同时即刻发生的国家——也不只是国家，还有主体自己——引发的再主体化"（"I am"，116）。奥斯维辛是一个极端去主体化的时刻，但也是一个再主体化的时刻，并且它变成一个重要的空间，在这个空间中，阿甘本得以探索各种去主体化的进程，以及何以语言能够见证对主体的言说本身的解构。

为成为发言的主体而说"我"，对阿甘本来说，构成了这样一个时刻，在这个时刻，我们可以最为清晰地看到见证的不可能，就像我们在第一章中看到的那样，它揭示了主体性本身的不可能。阿甘本指出，

> （这个时刻）是除它对话语事件的单纯指涉外，绝无任何实质性和内容的。但一旦被剥夺了语言之外的（超语言的）所有意义，并同时被构造为发言的主体，主体就会发现，他获准进入的与其说是一种言说的可能性，不如说是一种言说的不可能性——确切地说，他获准进入的是这样一种永远已经被一种异言的潜能预言的存在，而那种异言的潜能，是他既不能控制也不能掌握的。
>
> （RA：116）

阿甘本新的伦理学语言,就是这种异言的潜能,因为它揭示了我们的存在的本质——言说的存在的否定基础——和那个让我们看到,何以某种形式的责任可能中断这个否定性,并为阿甘本寻找的新的共同体观念带来可能性的条件的那个时刻。伦理学是一种对这个新的共同体的开放,是通过使用语言本身的潜在的不作之能,使潜能变得可能。证言的真正挑战在于"使自己像活的语言死了一样踏足其中,或像死的语言活了一样踏足其中"(RA:161)。这点应该是明确的,这个通过把语言呈现为语言来见证的努力,不仅仅是一种解读大屠杀文学的手段,它也与在生命政治的国家的去主体化中,看到超越它的生命的可能性这一更广泛的努力有关。

渎　神

如果我们还记得我们在关于语言和政治的章节中的讨论,那么我们就会想起,"被献祭的人"(the sacred)对阿甘本来说的重要性。在奥斯维辛,*Muselmann* 揭示了主权例外的极限,并变成了主权权力的功能最惊人的实例之一。然而,被献祭的人也不总是以各种同样的令人惊恐的赤裸生命的形式出现。相反,在景观社会中,有这样一种分离的逻辑在起作用,这种逻辑与被献祭的人密切相关,但它的结果是大众消费主义的平庸。但在我们进而考察渎神的观念之前,扼要地复述何以 *homo sacer* 受制于一个分离和排除的过程,以及何以这个过程从根本上说并不稳定,是有价值的。被献祭的人是被以某种方式移出人类的凡俗世界,属于众神的人。所以,他首先服从于一个分离两个世界的行动。但他依然留在凡俗的世界,并为他的"被献祭性的不可化约的剩余"所标记。所以他被移出了凡俗世界的法,这意味着他不能被献祭,因为他已经是众神的财产了。所以 *homo sacer* 不属于这两个世界中的任何一个,相反,他是这样的身体,在他身上,两个世界之间的划分或区分既被标出来又被取消了:"同一个被奉献的牺牲品的一部分被触染亵渎并由人来享用,而另一部分则被分给了众神。"(Pr:79)homo sacer 的重要性在于,这个分离的逻辑表现在一个个体身上,在这里,这个分离和划分揭示了,自己是被建构出来的、会犯错误的,而不是自然的、既定的。在最近的研究《渎神》中,阿甘本进而展示了,献祭是一个划分人的领域和众神的领域的阈限,是生产这个划分本身的实践。但如果说献祭标志着从"属神的"到"渎神的"①的运动,那么它就是这样一个点了,在这个点上,二者之间的区分变得非作,因此也就把一度属神的东西,归还给人的共同使用。阿甘本举了一个献祭的例子,被献祭的动物的一部分,从属人的变成了属神的领域。为取悦神,把牺牲品的部分内脏留给众神是必要的,其余的部分,则由人来食用。但如果人碰触了那些内脏,那么,它们就被返还到人的领域,被这个领域触染了。所以献祭,作为一个阈限的活动,变成了这样的一个点,在这个点上,分离和排除可以发生,但它总有被返还到渎神的领域的潜能。

  这作为一个熟悉的阿甘本式的公式,应该已经对我们构成冲击了。对阿甘本来说,宗教标志着一种对人的世界和神的世界之间关系的排序方式的关注。虽然一些词源指出,宗教源于 religare(把"人"和"神"联合、统一在一起的东西),但阿甘本接受的词源是 relegere,他指出,这个词源的意思是在坚持领域之分时的一丝不苟(Pr:74—75)。阿甘本的词源指出在维持这两个领域之间的区分和分裂时,研究或重读的重要性。与属神的领域及其献祭的行为相反,阿甘本赞美"渎

---

① the sacred 和 the profane 这对概念也可以译作神圣和凡俗。献祭就是把一个东西排除到凡俗的或者属于人的领域之外,把它送进神圣的或者说属于神的领域,也就是说,把这个东西奉献/丢弃给神。但从神的角度来看,献祭不可避免地会伴随着渎神,因为人的触染,这个献给神的东西(至少被人触摸过的部分),又被移出了神圣的领域,被赶出神圣,跌落凡俗。在这个意义上,献祭不是一种完全的、从凡俗到神圣,从人界到神界的移送,它总有把被献祭者同时排除到两个领域之外的可能,但它同时又蕴含着使圣俗、人神之分失效的潜能。

神",后者意味着"开放了一种形式特别的过失的可能性,这种过失忽视了分离,或者更确切地说,给了分离一种特别的用途"(75)。所以,与标志着从一个领域到另一个领域之路的献祭相反,渎神力图通过一种对法的理解,使属神的东西,返回人的共同使用。因此,考察宗教教条的过程,通过"渎神"来进行的对宗教的研究,也就变成了一种克服和暴露宗教的逻辑的手段。因此,指出这点是重要的,阿甘本不是一位世俗思想家,因为世俗性不会触动属神的领域的结构和逻辑,只会把它原模原样地留在渎神的领域。相反,他想暴露那些点,在这些点上,"宗教的机器看起来达到了一个令人不快的极限点或区域,在这里,神的领域永远处在一个向人的领域崩塌的过程中,而人则永远已经跨入了神的领域"(Pr:79)。

在这里,阿甘本谨慎地把属神的和渎神的之间的关系,维持在一个悬置的状态。问题不在于拒绝属神的领域,而在于识别这样的点,在这些点上,这两个领域没法再分开,如此,对这两个领域的划分本身失效了。正是在这个意义上,阿甘本才说"在一切被奉献的事物中都有渎神的剩余,而在一切被亵渎的物中,也都有属神的剩余"(Pr:78)。那么,我们怎样才能在"被亵渎了的东西"中看到"属神的剩余",以及,反过来,在"被献祭了的东西"中看到"渎神的剩余"呢? 在这里,阿甘本转向了瓦尔特·本雅明的论证,本雅明认为,资本主义本质上是宗教,它使用一种罪的逻辑,这种罪无补偿或救赎,它无休止地把自身转化为罪。这确切来说正是债的逻辑,它把我们推向一种永远没法逃脱,而只能用更多的债来应付的罪。因此,这里标志着一个和那种认为宗教是神圣与凡俗世界之分的宗教观念的区分。事实上,作为宗教的资本主义致力于这样一个没完没了的分离过程,"它为使它和它自己分开,而攻击一切事物、一切场所、一切人类活动"(Pr:81)。这个划分的逻辑是商品化的一个核心的部分。为把消费品卖给我们,资本主义必须把它们和我们分开。我们买衣服、DVD、鞋子,是为了建构某种认同,然而,那种认同、我们的性、我们的身体,现在都变成一种提供给我们的"不可把握的被拜的物①"了,这个被拜的物,在这样的认识中,永远是安全的:我们永远不能获得它们,永远不能使用它们,因而永远被诅咒要为寻找和我们分离的那个东西,而一次又一次地购买它们——这个过程又生产出一种使我们买更多东西的罪。

这个分离和划分的观念明显与居伊·德波对战后消费文化的诊断有关,德波认为,这种文化是"景观社会"。正如我们在关于电影的讨论中看到的那样,阿甘本同意德波关于我们生活在一个以"一种人与人之间的,以影像为媒介的社会关系"(Debord 1995: 12)为特征的诊断。资本主义是一个把财产从那个人可以自由地使用的领域,转移到这样一个点上的过程,在这个点上,财产与我们分离,而进入一个独立的消费领域。对阿甘本来说,这解释了我们身为消费者的不幸:我们持续地消费这些产品,却没有任何使用它们的可能性,反而持续地觉得与它们、与自己疏离。资本主义试图强加于我们的,是渎神的不可能性。在资本主义使我们与自己分离,不给我们使用的可能性的同时,我们也不再能够夺取我们服从的对象(即被拜的物)以及亵渎它们了。但对阿甘本来说,这也只是表面上的,只是资本主义想让我们相信的诡计而已,而阿甘本的作品则指出,存在这样一种可能性甚至是必要性,即通过"渎神的不尽职(profane defection)"——这个不尽职允许我们玩耍戏弄分化我们的分界线②——来发现一种"新的使用"。在这里,这点是重要的,即阿甘本并不主张废除差异和分割,相反,他提倡的是,我们必须学着"使那些差异的装置失效,以使一种新的使用变得可能"(*Pr*: 87)。在这里,我们可以再次看到,阿甘本的作品是怎样选取一个区分(属神的和渎神的之间的区分),然后展示何以在我们当代的社会中,这个区分已经变得非作了(通过强加一种不可能被亵渎的分离的逻辑),

---

① fetish,这里强调与宗教的关系故不用恋物。
② 参见前文关于"坚持领域之分时的一丝不苟",阿甘本提倡和赞美的是与这种严谨、认真相对的游戏、轻忽。通过这样的轻忽来使(人类学机器的)划分、区分失效。

继而,再展示把那个逻辑推向它绝对的结论(亵渎那不可亵渎的)的必要性。阿甘本一次又一次地提醒我们,这就是"来临中的一代人的政治任务"(Pr:92)。

弥赛亚主义

阿甘本对来临中的共同体、来临中的政治、来临中的一代人的召唤,引发了这样一个问题:确切来说,它会采用什么时间逻辑呢?它将于何时发生?它将如何发生?阿甘本提倡的绝对的亵渎,不只挑战了他在资本主义中看到的分离的逻辑,也为他在《语言与死亡》中提到的新气质奠定了基础。就像我们在第三章中看到的那样,在阿甘本的作品中,潜能和非作经常与弥赛亚主义关联。阿甘本主要是从瓦尔特·本雅明那里借用的弥赛亚主义这个术语,后者在这个术语中发现了一个救赎的政治模型。长期以来,犹太教和基督教神学都在争论"弥赛亚主义"这个术语,并留下了关于这个术语的多到令人困惑的详细评注,这些评注从这个术语中析出了多种意思。也许,在这里,我们可以引用韦伯洛夫斯基最为简洁的定义:

> 弥赛亚主义这个术语,源于希伯来语的 *masiach*(受膏者)一词,作为犹太教的宗教概念,指一个来自上帝的有特殊使命的人,在广义和有时宽松的意义上,被用来指关于一种末世的(关于末日的),人或世界的状态的提升,以及历史最终完成的信仰和理论。

(转引自 Fitzmyer 2007:5)

泛泛地说,犹太教神学有两个弥赛亚传统,这两个传统都源于巴比伦《塔木德》中约哈南拉比的预言:"大卫之子将于一个既不完全公义也不完全邪恶的世代到来。"这个歧义的结果是弥赛亚的救赎性的到来和末世的到来之间的分裂。从"救赎的"传统引出了二十世纪思想家的一个脉络,这些思想家在"弥赛亚"这个神学概念中看到一种能够救赎现代世界的关于"历史"和"政治"的理论。伴随弥赛亚哲学的逻辑是这样的,世界从荣耀的统一开始,然后分裂,或堕落,并需要重新结合,才能要么恢复原始的荣耀,要么创造一个不受困于旧有的区分(这些区分的综合依然有堕落的世界的剩余)的统一的新世界。

在像本雅明和恩斯特·布洛赫那样的德国犹太思想家那里,则出现了一种经常与马克思主义相关的,把"救赎"看作某种类似来临中的共产主义乌托邦的世俗的弥赛亚主义。那么为什么还要提出一种犹太教的救赎呢,既然基督教显然已经有它自己的救赎概念和一个悠久的探索来临中的人类的救赎的作家传统?根据瓦尔特·本雅明的密友、犹太学者哥舒姆·舒勒姆的说法,基督教的模型和犹太教的模型之间存在实质性的差异。在基督教中,救赎将在纯粹的灵的领域发生,是"一个反映在灵魂中、每个个体的私人世界中并引起一种不需要与外界事物对应的内在转变的事件"。另一方面,犹太教的救赎则将是非常公共的事情,它在"历史的舞台"上发生,必须出现,必须被看见(Scholem 1971:1)。这个被救赎的个体和被救赎的世界之间的分裂,在犹太教的救赎中是一个重要的区分,而犹太教的救赎又逐渐与马克思主义关联到一起,在马克思那里,普世的救赎才是目标。

但在犹太教的弥赛亚观念内部,还有两个进一步的分支,这两个分支,对理解本雅明和阿甘本作品中的一些张力来说是关键:"恢复的"和"乌托邦的"。舒勒姆认为,恢复的一支把目光转向"对一种过去的、被感知为理想的境况的回归和再造……对一种事物的原始状态和一种'与祖先一起的'生活的重建"(Scholem 1971:3)。乌托邦的传统则力图带来某种全新的东西,一个从未存在的世界。然而,这两个倾向永远共存,触摸彼此,永远不会过于偏向这个或那个。我们可以在范畴上把本雅明的弥赛亚主义和阿甘本对它的使用,称为以同等的尺度弥合二者,使二者"停顿",以动摇彼此的尝试。阿甘本明确指出,关于弥赛亚的一切"恢复的"方面,都无怀旧可言。实际上,弥赛亚主义有一个破坏的特征,它会把世界"恢复到"一个它从来不知道的点上,恢复到一种全新的气质,这种气质——如果我们还记得第一章中卡普罗尼的诗(第20页)——既是全新的,又完全是熟悉的。在"弥赛亚"身上,我们可以看到阿甘本和本雅明的历史观念的会合:他们的历史都试图标绘那些支配的结构和系统,以在当下促成一个全新的未来。

在《剩余的时间》中,阿甘本进一步澄清了"弥赛亚"的性质和弥赛亚的"使命"的政治的和伦理的重要性。也正是在这个文本中,"弥赛亚"的时间维度得到了进一步澄清:"弥赛亚的使命是一个内在的运动,或者如果你乐意这么说的话,是内在与超越之间,这个世界与未来的世界之间一个绝对不可区分的区域。"(TTR:25)这里的关键在于,"弥赛亚"会使当下和未来之间的时间区分变得难以辨别。那么,说这个"使命"的关键是潜能,也许就不奇怪了。处在"弥赛亚"的领域,就像伦理学一样,就是对潜能开放,对"作为不"(as not)的可能性开放。《圣经》中圣保罗的形象是关键,因为力图通过使犹太律法非作来悬置它。

保罗的非作给我们引入了另一个阿甘本的核心术语——"剩余"。保罗在使犹太律法非作时生产的是一种剩余,一种律法的分离的剩余,它不可能被化约为被分离的东西。在这里,重要的区分是犹太人与非犹太人之间的区分,这个区分也生产出一种剩余。在神学中,剩余一般被理解为"在末日灾难后幸存下来"的人,那些在最后的毁灭之后幸存的少数选民。但阿甘本拒绝这种在时间的终结之后还设定了一个时间的末世的弥赛亚主义。相反,阿甘本想指出的是,剩余是那永远被包含在与弥赛亚事件的关系中的东西,它不需要被拯救,因为它不属于末世的时间,它就存在于常规的时间中。在古希腊语中,chronos 指的是连续的、可测量的时间(chronological time),而 kairos 则是某种居间的时间(time in-between)。阿甘本指出,联系"弥赛亚"来看,这个对立是一个虚假的对立:"我们在抓住 kairos 时把握到的,不是另一种时间,而是收缩、缩短的 chronos。"(TTR：69)"弥赛亚"因此不是在某种时间之后的时间中，而就是在常规的时间中开启的。在所有的时间中存在，却需要被促成、被把握的，就是剩余：

> "弥赛亚"已经抵达了，弥赛亚的事件已经发生了，但它的在场在自身之中包含着另一个时间，这个时间拉开了它的 parousia（基督再临），为的不是要推迟它，而是要让它变得可把握。出于这个原因，用本雅明的话来说，每一个瞬间都可能是"'弥赛亚'侧身进入的窄门"。"弥赛亚"永远已经拥有他的时间，这意味着，他占有时间的同时，也成全了时间。
>
> （TTR：71）

现在，我们也许更容易理解支撑"弥赛亚"的时间性了，同时，我们也为理解阿甘本的来临中的政治做好了准备。保罗揭露的使律法失效的关键在于，它不否定或取消律法，而是使之非作。与此同时，它成功地**不**创造出一个时间的终点，一个末日（在末日之后，它必须设定某种别的东西）。另一方面，它也不允许人们回归律法的结构。因此，保罗揭露的不是对未来的凝视，无论那个未来是末日的，还是不断延迟的；也不是对过去的回归。相反，它是一种使自己对一种新形式的使用、对一个新的共同体模型、对一种幸福的生活开放的时间。阿甘本在一篇关于本雅明的论文中说，只有在我们经验到从未发生过的东西时，幸福才会实现。在这里，时间性是重要的，阿甘本也强调了这个术语的重要性："但这——**那从未发生过的**——是人类历史的和全然现实的家园。"（P：159）它从未发生过这事实意味着，它永远已经**在发生了**。

在那个点上，我们又遇到了我们在《语言与死亡》中遇到的支撑阿甘本全部思想的那个人类的伦理家园。

总　结

阿甘本是这样理解伦理学的：伦理学要做的，不是彻底全面地思考与他者的关系，而是通过转向人的异言的潜能，遭遇"人类的家园"。他与奥斯维辛和大屠杀幸存者证言的相遇，见证了他试图思考何以语言可以被用来再现用语言来拆解权力机制的必要性，而不是在大屠杀之后写作的不可能性。这个尝试开启了阿甘本对渎神的探索，他展示了，对破坏驱动资本主义的分离、使世界被亵渎并因此返回人类的领域来说，渎神是必要的。在亵渎资本主义时开启的那种新的使用，类似对弥赛亚时间的理解将用来说明"使……失效"的力量的方法。在阿甘本对圣保罗的分析中，我们看到了剩余的生产，剩余既不属于可测度的、连续的时间，也不属于末世的时间，它开启了这样一个空间，在那里，来临中的共同体可以发现人类真正的家园。

阿甘本之后

给一个章节拟"阿甘本之后"的标题显然是矛盾的,因为阿甘本非常高产,并且我们可以希望,在接下来的许多年里,他也会保持着如此旺盛的生产力。但在这里,我想探索的是社会科学和人文科学接受和使用阿甘本的方式,以强调他的作品的生产性和否定性。因此,本章分两个部分。第一个部分将考察政治哲学中一些有代表性的对阿甘本的误读。第二个部分更多是思辨性的,希望通过它,我能够使这点变得更加明确,即阿甘本的思想可以以怎样的方式帮助我们理解其作品同时代的因此也是真正的效力。

阅读阿甘本的政治

这么说是没问题的:阿甘本的作品在政治哲学领域引起了最大的轰动。《Homo Sacer:主权权力与赤裸生命》1998年就出了英译本。一年后,又有四本书被翻译过来,许多领域很快感觉到了阿甘本的存在。然而,直到最近,这个存在依然不平衡地分布在一般来说可被确定为政治哲学的那个领域。尽管许多对阿甘本的作品做出过回应的批评家是在像文学研究、比较文学和法律研究这样的领域工作的,但几乎所有这些学者都在回应 homo sacer 系列。当然,也有例外,读者不妨把两个关于阿甘本的早期文集找来看看,这两个文集中的一个是《段落》(*Paragraph*)第二十五卷(2002)的一期专号,另一个则是现已停刊的《反时代》(*Contretemps*)第五卷(2004)的一期。因为没有预先确定的主题,这两个专号对阿甘本的作品的涵盖,比之后的文集要广一些。第一本关于阿甘本作品的二手批评文集是安德鲁·诺里斯编的《政治、形而上学与死亡:论吉奥乔·阿甘本的"Homo Sacer"》(*Politics, Metaphysics and Death: Essays on Giorgio Agamben's "Homo Sacer"*)。这个文集的主打文章是一系列学者写的大量关于阿甘本作品的批判的评估,这些学者大多提供了有用的介入和评论。但在某种程度上说,这些评论抛开与阿甘本更广泛的作品的联系,太过于孤立地来对待 homo sacer 计划了。就像本书已经指出的那样,阿甘本的思想是有一个主导的关注点和结构的,如果你只把注意力集中在这些更加政治的后期作品上,那么你就看不到阿甘本作品的焦点和结构了。

第二个关于阿甘本作品的论文集,《论阿甘本:主权与生命》(*On Agamben: Sovereignty and Life*),是马修·卡拉尔科和斯蒂芬·达卡罗里编的,这个文集涵盖的范围更广,并收录了安东尼奥·内格里、多米尼克·拉卡普拉和保罗·帕顿的重要论文。这些论文中的一些,比如说凯瑟琳·米尔斯关于优生学和生命政治的论文,提供了重要的跨学科介入;而另一些看起来则是在重复一种常见的指控:阿甘本是一个政治虚无主义者。为探索这个主张,并质疑其有效性,我们应该转向厄内斯托·拉克劳的论文《赤裸生命或社会的不确定》("Bare Life or Social Indeterminacy")。拉克劳是非常著名的马克思主义政治哲学家,他和尚塔尔·墨菲一起写出了影响力很大的研究——《领导权与社会主义的策略》(*Hegemony and Socialist Strategy*,1985)。拉克劳对阿甘本的批评是建立在一种对阿甘本的谱系学或词源学方法的批判上的。就像拉克劳说的那样,"在阅读他的文本时,你经常会有这样的感觉,他太快地从建立一个术语、一个概念或一个制度的谱系,跳跃到确定它在当代语境中的实际运作上了,你会觉得,在某种意义上,起源对它之后发展出来的东西有一种秘密的决定性的优先性"(2007：12)。对拉克劳来说,这是陷入结构主义的谱系学,而阿甘本的结构主义太过僵硬,以至于他最终成了一位目的论的和结构的思想家——但这些正是像阿甘本那样的作家厌恶的进路。接着,拉克劳指出,阿甘本得出的结论,就其否定当前政治领域中结构多样性的潜能,并因此否定政治行动的可能性而言,从根本上说,是虚无主义的。对拉克劳来说,阿甘本把集中营的意象当作西方政治的意象,就说明了这点,对此,他直言不讳地说:"通过以这个集中营的极端而荒谬的范式为中心来统一现代政治建构的整个过程,阿甘本不只是呈现了一种扭曲的历史,他还封锁了一切对由我们的现代遗产开启的解放的可能性的可能的探索。"(2007：22)

这个立场断言,在当下的司法-政治结构中,有某种从根本上说有价值的东西,并且我们不应该抛弃这个结构和它包含的有价值的东西,因为那些关于它的(生命政治的)命运的极端例子,从根本上说,与它的结构无关。对一位像拉克劳那样的思想家来说,我们的"现代遗产",是同时由支配的力和对那些力的抵抗构成的,而某种特定的流动性使它们永远不会变得僵化,变成真正的霸权。拉克劳和墨菲力图概述一种能够从社会机体中引出某种形式的对抗政治(这种对抗政治能够驾驭社会运动的力量,并对变动和变革负责,而不是像"经典的"马克思主义那样教条)的马克思主义。他们提出了一种对这样的马克思主义的呼吁,这种马克思主义能够"在解放话语无限的互文性中稀释自己,而'社会'的复数性,就是在那个互文性中发生的"(Laclau and Mouffe 1985：5)。在这里,我们得到的意象是一种对政治策略观念的激进的开放。对抗政治绝不会声称系统是总体化的,或不可能在"社会"层面上,而不是在主权或国家的层面上变革的。但就像阿甘本在他的作品中阐述的那样,也正如我已经指出的那样,"策略"本就是阿甘本自己作品的一个核心部分。正是来临中的共同体的观念,给了阿甘本的作品和他对生命政治的批评力量。就像阿甘本在一次关于德波和都会的讲座中指出的那样,"一切思想,无论它试图变得多么'纯粹'、普遍或抽象,它永远带有历史和时间的印记,并因此捕捉并且在某种程度上介入了某种策略和紧急状态"("M")。因此,阿甘本的作品,无论多么抽象,都涉及他对当下的关注。

拉克劳对阿甘本的解读,是在过去十年里流行的许多对阿甘本政治立场的"批判"的症候。另一个对阿甘本立场的直接批评,通常是按一种与阿甘本的语文学相反的语文学来的,这种语文学揭示了阿甘本批评的谱系高度个人化的特异性。以劳伦特·杜布勒伊为例。他强调,阿甘本沿用了阿伦特对 zoē 和 bios 之分的独特理解,并从中推出一种对古希腊生命观的总体化的理解。杜布勒伊则展示了,在这里,阿甘本允许一种特殊的语言形式介入,并做了过度的概念工作——我们应该把这理解为一个高度政治化的举动,而非一个具体的历史奠基工作。就像他说的那样,"阿甘本简化了亚里士多德的文本",然后把它们溶入'希腊人'这个宏大实体。这番从权威出发的、没有根据的论证中内嵌了一系列没有明说的动机,而我们必须暴露,然后谴责这些动机。"(Dubreuil 2006:86)。这里的论证是,阿甘本的作品给了"希腊人"作为西方文化的基础的特权,但与此同时,又想掩饰在这个说法中流转的关于权力与权威的问题。古希腊文化的复杂性和语言的用途动摇了阿甘本把生命完全与政治生活绑定的尝试。杜布勒伊的目标是"肯定政治之外的生命"而不是屈从于这样的观念,即所有的生命都被困于生命政治,而抵抗的唯一的根基只可能来自那个秩序内部(Dubreuil 2006:97)。看起来,杜布勒伊也许是没有看到阿甘本本人对超越生命政治之捕捉的生命的赞美,以及阿甘本作品中更广泛的对非作的诉诸。

在某种程度上说不那么相关却又不可避免的,是正在不断出现的,以 homo sacer 范式、对赤裸生命的质问为手段,来解读一切文化、政治和文学现象的尝试。就像我们在第四章中看到的那样,一直存在这样一种对阿甘本作品的利用：用它来把握当代生命政治实践的性质。这些把阿甘本当作诊断机器，来揭露当下政治时刻的各种复杂性的尝试，也是重要的——只要它们保持严格，把它们利用的例子当作反思阿甘本的实践的手段来使用，而不是仅仅把它当作阿甘本的实践的效力的一个例子来使用。不过，当然了，这些各种形式的"实践的"探问，在那些希望把阿甘本引入他们自己的话语领域，以便玩"homo sacer 梗"的批评家面前，就显得逊色了。我不会把这种方法的任何一个具体的支持者单独拿出来说，但这种方法力图揭示，某个作家、某个艺术家、某个电影导演，在他们的作品中再现了赤裸生命的矛盾性质。这里的目的当然是通过展示他们在没有读过阿甘本的情况下就洞悉了主权例外和赤裸生命的性质是多么地了不起，来使作者/艺术家激进化。这种通过联想来实现的激进化，在最好的情况下也只是一种对涉及的作者/艺术家的批判的再考察，它对阿甘本的探索和考察是无关紧要的，尽管它也可能提供一些生产性的介入。在最坏的情况下，它就只是赶时髦，是对批判理论中的下一个"风口"的跟风了——不过是作为当代学界特征的知识生产磨坊磨出来的更多的面粉罢了。

阿甘本，我们的同时代人

为总结这本书，我想指出，阿甘本的思想给我们提供的，不只是一场关于语文学或政治理论的学术辩论。一切把阿甘本的作品当作诊断智识问题的工具来使用的尝试，都完全没有切中要害。在我们的景观文化中——在这种文化中，我们消费着我们的服从，并对他人令人不快的服从视而不见——承认这点并不难：政治的确已经进入了一种"持续的式微"。但就像近来一些国家的民主选举歇斯底里的"马戏表演"展示的那样，左右的范畴正在变得空洞。左翼只是"好民主的面具"，而右翼则"毫无顾忌地指向去主体化"(WA?：22)。先前可被动员起来与主权权力斗争的集体的社会主体、行动者的观念，已经彻底输给了 oikonomia——在阿甘本最近的作品中，这个词已经成为作为行政的自我复制的经济的那种政府形式的名称了。oikonomia 力图把自己的意志强加于纯粹的存在，它的控制和支配的过程起到了去主体化、清空主体性范畴以控制它的作用。

先前各种形式的 oikonomia 一直与对主体化的积极建构相关，但对阿甘本来说，我们生活在这样一个世界中，在这里，主体化和去主体化已经变得"相互漠不关心"了。被阿甘本描述为"人类历史上存在过的最驯顺、最懦弱的社会身体"的海茫茫的人口，常规地接受那种通过观察和监控的过程，来使我们去主体化的尝试。然而我们的驯顺并没有给国家机器安全感，并没有使它们相信，我们已经变成了终极的"驯顺的身体"。"后工业民主国家无害的公民……他已经做了他被要求做的一切，因为他放弃了他日常的姿势和健康，他的娱乐和他的职业，他的饮食和他的欲望，在最细微的细节上接受装置的命令与控制。但就是这样的公民，依然被权力认为——也许恰恰是因为他们这样驯顺——是潜在的恐怖分子。"(WA?：22—23)在阿甘本看来，这并不是什么奇怪的事。通过生物识别和监控，世界上的民族国家觉得有必要把我们所有人当作恐怖分子来怀疑这个事实，表明了那些试图控制我们的装置的非作。这架全球治理机器正在有效地把我们引向灾难，而我们看起来却在无脑地拥抱那个灾难。

但无论如何，这都不应该被看作某种形式的怀旧，某种赞美过去并视我们自己的时代为衰落的时代的尝试。相反，我们应该看到，阿甘本的作品，以最好的方式，是同时代的。他对过去——过去的结构、逻辑、建筑的研究，都着眼于它们在当下的延续。成为同时代的意味着，最终，看到当下的黑暗是如何把影子投向过去的。因此，阿甘本的作品就是对那个影子的追踪，是看到我们自己的历史结构的尝试。所以，成为同时代的,对阿甘本来说,也就是通过当下的黑光,来面对过去。但这个过程很可能也会改变当下:"在这个意义上说,成为同时代的,意味着回归一个我们不曾去过的当下。"(WA?:51—52)

延伸阅读

阿甘本的大多数作品都被翻译成了英文,不过他最近又出版了许多作品,这些作品还处在翻译的过程中,故而,下面提供的清单还有待扩充。正如我反复指出的那样,阿甘本的作品是蔓延和弥散的。他的作品很少以清晰的论证或解释的风格来行文,所以很难建议要从哪本书开始读比较好。不过,《潜能:哲学论文集》提供了一个很好的范围,从年代和内容的角度来说都如此,它能够帮助新读者了解阿甘本的风格与方法;而《无目的的手段:政治学笔记》,则提供了最清晰、最直接的阿甘本,它能帮助我们在探究 homo sacer 系列之前,做一些清晰的、准备性的阅读。在我看来,《语言与死亡》依然是阿甘本作品的一个重要切入点。正是在这里,阿甘本提出了——在某种程度上说——他研究语言的进路,并讨论了关于基础的重要问题。尽管它是一个抽象的文本,并且对不熟悉海德格尔的读者来说没什么帮助,但这本书还是会为读者提供一个前进的稳固基础。从那里出发,读者就没什么固定的路可走了。接下来读什么,在很大程度上取决于读者个人的兴趣,一些读者可能会跟进政治,而另一些读者则可能会去进一步阅读文学。但对那些不知道该读什么的人来说,我会建议他们先读《诗节:西方文化中的词与幻象》,再读《Homo Sacer:主权权力与赤裸生命》,然后再去读《敞开:人与动物》。

吉奥乔·阿甘本的作品

《无言词的身体:反生命政治的文身》
Agamben, G. ("B") "Bodies without Words: Against the Biopolitical Tatoo", *German Law Journal* 5, no. 2 (2004): 168–169.

《来临中的共同体》
——(*CC*) *The Coming Community*, trans. Michael Hardt, Minneapolis: University of Minnesota Press, 1993.
这个短论和片段集概述了阿甘本"无论是什么的存在"的概念,这个概念将是重新思考共同体观念的基础。在风格上,这是阿甘本挑战性最大的一本书,但对理解他的思想的地平线来说,这本书是必不可少的。

《差异与重复:论居伊·德波的电影》
——("DR") "Difference and Repetition: On Guy Debord's Films", trans. by Brian Holmes, in Tom McDonough (ed.) *Guy Debord and the Situationist International*, Cambridge, MA: MIT Press, 2002, pp. 313–320.

《诗的终点:诗学研究》
——(*EP*) *The End of the Poem: Studies in Poetics*, trans. Daniel Heller-Roazen, Stanford, CA: Stanford University Press, 1999.
一系列关于从但丁到卡普罗尼的意大利诗的论文。在这里,阿甘本概述了他对诗的理解,他认为,通过在诗的终点消除韵律和语义要素之间的张力,诗实际上是为一种对固定的意义的担忧所定义的。

《Homo Sacer：主权权力与赤裸生命》

——（HS） *Homo Sacer: Sovereign Power and Bare Life*, trans. Daniel Heller-Roazen, Stanford, CA：Stanford University Press，1998.

阿甘本最有影响力也最著名的文本,它通过探索主权的各种矛盾和那些被排除在政治系统外同时又被包括其中的形象,批判了西方的司法-政治思想。

《"我确定你比我更悲观……"：吉奥乔·阿甘本访谈》

——("I am") "'I am sure that you are more pessimistic than I am ...': An Interview with Giorgio Agamben", *Rethinking Marxism* 16, no. 2（April 2004）：115 – 124.

《幼年与历史：经验的毁灭》

——（IH） *Infancy and History: The Destruction of Experience*, trans. Liz Heron, London：Verso, 1993.

也是一个论文集。核心的论文与书名同题,是对经验观念及其在现代性中的毁灭的重要探索。特别是它提供了对伊曼努尔·康德的介入和一个关于文学的有益讨论。

《散文的理念》

——（IP） *The Idea of Prose*, trans. Michael Sullivan and Sam Whitsitt, New York：State University of New York Press, 1995.

一系列不同寻常的、密实的短论和片段集,主要涉及哲学和文学文本,包括关于卡夫卡的重要讨论。

《K》

——("K") "K", in *The Work of Giorgio Agamben: Law, Literature,*

Lift, edited by Justin Clemens, Nick Heron and Alex Murray, Edinburgh: Edinburgh University Press, 2008, pp. 13 – 27.

《语言与死亡:否定之地》

——(*LD*) *Language and Death: the Place of Negativity*, trans. Karen Pinkus with Michael Hardt, Minneapolis: University of Minnesota Press, 1991.

一个风格特异的对马丁·海德格尔和 G. W. F. 黑格尔的哲学的介入,这本书开启了阿甘本理解语言和存在的否定基础(他试图思考和超越这个否定的基础)的哲学进路。

《都会》

——("*M*") "Metropolis", Lecture, 16 November 2006. 音频档案可见:http://archive.globalproject.info/art-9966.html。我引用的是阿里安娜·波芙的英译:http://www.generation-online.org/p/fpagamben4.htm。

《无内容的人》

——(*MC*) *The Man without Content*, trans. Georgia Albert, Stanford, CA: Stanford University Press, 1999.

阿甘本的第一本书,意大利语原版初版于 1970 年。它探索了现代性中,艺术作品与艺术家之间的关系。这本书值得注意,因为它是用一种传统得多的"哲学"风格写的,对理解阿甘本思想的起源来说,是一个重要的记录。

《无目的的手段:政治学笔记》

——(*MwE*) *Means without End: Notes on Politics*, trans. Vincenzo Binetti and Cesare Casarino, Minneapolis: University of

Minnesota Press, 2000.

一部论文集,部分是关于后来会以更加复杂的形式在 *Homo Sacer* 中出现的作品的注释。也包括阿甘本的重要论文《关于姿势的笔记》的一个版本,以及一个关于意大利政治与媒体的反思。

《敞开:人与动物》

——(*O*) *The Open: Man and Animal*, trans. Kevin Attell, Stanford, CA: Stanford University Press, 2004.

关于西方思想的人类学基础的研究,有一个对海德格尔的关键介入。

《潜能:哲学论文集》

——(*P*) *Potentialities: Collected Essays in Philosophy*, trans., edited Daniel Heller-Roazen, Stanford, CA: Stanford University Press, 1999.

一部重要论文集,其中的论文出自阿甘本出版生涯的各个时期。收录了关于亚里士多德、本雅明和麦尔维尔的核心文本。也包含关于德里达和德勒兹的论文,对理解他与他之前的那代思想家的关系来说很重要。

《哲学考古学》

——("PA") "Philosophical Archaeology", trans. Giulia Bryson, *Law and Critique* (2009) 20 pp. 211-231.

《渎神》

——(*Pr*) *Profanations*, trans. Jeff Fort, New York: Zone Books, 2007.

一部简短的论文集,涉及一系列的话题,核心论文《渎神礼赞》提供了对阿甘本的批评方法的非作力量的清晰认识。

《奥斯维辛的剩余:见证与档案》

——(RA) *Remnants of Auschwitz: The Witness and the Archive*, trans. Daniel Heller-Roazen, New York: Zone Books, 1999.

homo sacer 系列的一部分,这本书试图通过探索见证的各种再现形式,而非主体间的责任,来重新思考战后伦理学。尽管它只把自己描述为对大屠杀回忆录的研究,但这本书概述了更为宽泛的对伦理学及其与文学之关系的理解。

《诗节:西方文化中的词与幻象》

——(S) *Stanzas: Word and Phantasm in Western Culture*, trans. Ronald L. Martinez, Minneapolis: University of Minnesota Press, 1993.

阿甘本最重要的书之一,是对包括结构主义在内的许多批判范式的广泛批判。在这里,阿甘本概述了他的符号学观念,这种符号学与对意义的欲望无关,阿甘本认为,驱动西方哲学的,正是这种对意义的欲望。它也是最清晰的文本,在这个文本中,阿甘本介入了心理分析(他一直与这种方法保持着批判的联系)。

《例外状态》

——(SE) *The State of Exception*, trans. Kevin Attell, Chicago: University of Chicago Press, 2005.

Homo Sacer 的续作,这本书生产了对主权例外更加深入的分析,对于详细阐明卡尔·施密特在阿甘本作品中的地位来说很重要。

《剩余的时间:解读〈罗马书〉》

——(TTR) *The Time That Remains: A Commentary on the "Letter to the Romans"*, trans. Patricia Daly, Stanford, CA: Stanford

University Press，2005.

对圣保罗形象的详细评论，这本书为"弥赛亚"和弥赛亚时间提供了一幅更加清晰的图景，是阿甘本使用经注和语文学的一部范例之作。

《什么是装置？》

——(WA?) *What Is an Apparatus?*，trans，David Kishik and Stefan Pedatella，Stanford，CA：Stanford University Press，2009.

一部非常短的论战文集。它们为阿甘本在当代事件上的介入立场提供了很好的例子，也是关于他的考古学技艺的效力的有力陈述。

《什么是范式？》

——("WP？") "What is a Paradigm?"，European Graduate School Lecture，2002. http：//www.egs.edu/faculty/agamben/agamben-what-is-a-paradigm-2002.html.

关于阿甘本的二手著作

阿甘本实际上是在过去十年里才跻身当代思想中的核心思想家之列的。相对晚的出场带来的结果就是，关于阿甘本的二手批评有些零散，还没有发展出任何清晰的模式或核心的评论者。除下面列出的作品外，还有许多关于阿甘本的著作正在筹备中，或者马上就要出版了。下面列出的三个关于阿甘本的论文集和三个期刊专号，尽管在很大程度上聚焦于——以否定的语气——*Homo Sacer*，但就它们的介入情况而言，依然是弥散的，读者如果在他们对阿甘本的研究中跟进特定的研究路线，应该参考具体的文章而不是通论性质的书。我在写作本书的过程中具体引用过的论文将在参考文献中列出。

专 著

Deladurantaye, L. (2009) *Giorgio Agamben: a Critical Introduction*, Stanford, CA: Stanford University Press.

Mills, C. (2008) *The Philosophy of Giorgio Agamben*, Stocksfield: Acumen Press.

论文集

Calarco, Matthew and Decaroli, Steve (eds) (2007) *On Agamben: Sovereignty and Life*, Stanford, CA: Stanford University Press.

Clemens, Justin, Heron, Nick and Murray, Alex (eds) (2008) *The Work of Giorgio Agamben: Law, Literature, Life*, Edinburgh: Edinburgh University Press.

Norris, Andrew (ed.) (2004) *Politics, Metaphysics, and Death: Essays on Giorgio Agamben's "Homo Sacer"*, Durham, NC: Duke University Press.

期刊专号

Bailey, Richard, McLoughlin, Daniel and Whyte, Jessica (eds) (forthcoming) *Form of Life: Agamben, Ontology, Politics*, Special issue of *Theory & Event*.

Contretemps 5 （2004） http：//www. usyd. edu. au/contretemps/ contretemps 5. html.

Paragraph 25, no. 2 (2002).

Ross, A. (ed.) (2008) *The Agamben Effect*, Special issue of *South Atlantic Quarterly* 107, no. 1.

参考文献

Adorno, T. (1955) "Cultural Criticism and Society", *Prisms*, trans. Shierry Weber Nicholson and Samuel Weber, Cambridge, MA: MIT Press.

Agamben, G. (Various dates) See "Works by Giorgio Agamben", in Further Reading.

Antelme, R. (1992) *The Human Race*, trans. Jeffrey Haight and Annie Mahler, Marlboro, VT: Marlboro Press.

Baugh, B. (2003) *French Hegel: From Surrealism to Postmodernism*, London: Routledge.

Beckett, S. (1982) *Company*, London: Calder.

Benjamin, W. (1968) *Illuminations*, trans. Harry Zohn, New York: Schocken Books.

——(1996) *Selected Writings*, vol. 1: 1913–1926, edited by Marcus Bullock and Michael W. Jennings, trans. David Lachterman, Howard Eiland and Ian Balfour, Cambridge, MA: Belknap Press.

——(1998) *The Origin of German Tragic Drama*, trans. John Osborne, London: Verso.

——(1999) *The Arcades Project*, trans. Howard Eiland and Kevin

McLaughlin, Cambridge, MA: Belknap Press.

——(2000) "Franz Kafka", *Selected Works*, vol. 2, edited by Howard Eiland and Michael Jennings, Cambridge, MA: Belknap Press, pp. 794 - 818.

de Boever, A. (2009) "Agamben and Marx: Sovereignty, Governmentality, Economy", *Law and Critique* 20, no. 3: 259 - 279.

Carroll, L. (1998) *Alice in Wonderland* and *Through the Looking Glass*, London: Penguin.

Debord, G. (1995) *The Society of the Spectacle*, trans. D. Nicholson-Smith, New York: Zone Books.

Deladurantaye, L. (2000) "Agamben's Potential", *Diacritics* 30, no. 2: 3 - 24.

Deleuze, G. (2008) *Cinema I: The Movement Image*, trans. H. Tomlinson and B. Habberjam, London: Continuum.

Derrida, J. (1976) *Of Grammatology*, trans. G. Chakravorty Spivak, Baltimore, MD: Johns Hopkins University Press.

——(1982) *Margins of Philosophy*, trans. Alan Bass, Brighton, UK: Harvester Press.

Dubreuil, L. (2006) "Leaving Politics: Bios, Zoē, Life", *Diacritics* 36, no. 2: 83 - 98.

Fitzmyer, J. (2007) *The One Who Is to Come*, Grand Rapids, MI: Eerdmans.

Foucault, M. (1977) "Nietzsche, Genealogy, History", in Donald Bouchard (ed.) *Language, Counter-Memory, Practice*, Ithaca, NY: Cornell University Press.

——(1997) "The Birth of Biopolitics", *The Essential Works of Michel Foucault*, vol. 1: *Ethics: Subjectivity and Truth*, edited by Paul

Rainbow, New York: New Press.

Franchi, S. (2004) "Passive Politics", *Contretemps* 5: 30 – 31.

Hegel, G. W. F. (1977) *Phenomenology of Spirit*. Trans A. V. Miller, Oxford: Oxford University Press.

Heidegger, M. (1971) *Poetry, Language, Thought*, trans. A. Hofstadter, New York: Harper & Row.

——(1978) *Being and Time*, Oxford: Blackwell, 1978.

——(1993) *Basic Writings*, rev., exp. edn, edited by David Farrell Krell, Abingdon: Routledge.

Joris, P. (1988) Translator's preface to Maurice Blanchot, *The Unavowable Community*, Barrytown, NY: Barrytown/Station Hill Press.

Joyce, J. (1992) *Ulysses*, London: Penguin.

——(2000a) *Finnegans Wake*, London: Penguin.

——(2000b) *Dubliners*, London: Penguin.

Kafka, F. (1983) *The Penguin Complete Novels of Franz Kafka*, London: Penguin.

——(1992) *Metamorphosis and Other Stories*, edited, trans. M. Pasley, London: Penguin.

——(2002) *The Great Wall of China and Other Short Works*, edited, trans. M. Pasley, London: Penguin.

Kant, I. (1965) *Critique of Pure Reason*, trans. Norman Kemp Smith, New York: St Martin's Press.

Kittler, F. (2003) "Man as a Drunken Town-Musician", *MLN* 118: 637 – 652.

Laclau, E. (2007) "Bare Life or Social Indeterminacy", in Matthew Calarco and Steven Decaroli (eds) *On Agamben: Sovereignty and Life*, Stanford, CA: Stanford University Press.

Laclau, E. and Mouffe, C. (1985) *Hegemony and Socialist Strategy: Towards a Radical Democratic Politics*, London: Verso.

Levitt, D. (2008) "Notes on Media and Biopolitics: 'Notes on Gesture'", *The Work of Giorgio Agamben: Law, Literature, Life*, edited by Justin Clemens, Nick Heron and Alex Murray, Edinburgh: Edinburgh University Press.

Marx, K., with Engels, F.(1983) *Selected Works*, vol. 1, Moscow: Progress Press.

——(1998) *The German Ideology*, New York: Prometheus.

Melville, H. (2003) *Billy Budd and Other Stories*, London: Penguin.

Michaud, P. (2004) *Aby Warburg and the Image in Motion*, trans. Sophie Hawkes, New York: Zone Books.

Mill, J. S. (1996) "Nationality", in *Nationalism in Europe, 1815 to the Present*, edited by Stuart Woolf, London: Routledge.

Mills, C. (2008) "Playing with Law: Agamben and Derrida on Postjuridical Justice", *South Atlantic Quarterly* 107, no. 1: 15 - 36.

Murray, A. (2008) "Beyond Spectacle and the Image: The Poetics of Guy Debord and Agamben", in Justin Clemens, Nick Heron and Alex Murray (eds) *The Work of Giorgio Agamben: Law, Literature, Life*, Edinburgh: Edinburgh University Press,.

Negri, A. (2003) "The Ripe Fruit of Redemption", Review of Giorgio Agamben, *The State of Exception*, Il Manifesto-*Quotidiano Comunista*(26 July) (in Italian). Trans. Arriana Bove at: http://www. generation-online. org/t/negriagamben. htm (accessed 12 Mar 2008).

Rajaram Kumar, P. and Grundy-Warr, C. (2004) "The Irregular Migrant as Homo Sacer: Migration and Detention in Australia,

Malaysia and Thailand", *International Migration* 42, no.: 32 – 64.

Ross, A. (2008) Introduction to *The Agamben Effect*, Special issue of *South Atlantic Quarterly* 107, no. 1: 1 – 12.

Schmitt, C. (2005) *Political Theology: Four Chapters on the Concept of Sovereignty*, trans. George Schwab, Chicago: University of Chicago Press.

Scholem, G. (1971) *The Messianic Idea in Judaism and Other Essays on Jewish Spirituality*, London: Allen & Unwin.

Thurschwell, A. (2005) "Cutting the Branches for Akiba: Agamben's Critique of Derrida", in Andrew Norris (ed.) *Politics, Metaphysics, and Death: Essays on Giorgio Agamben's "Homo Sacer"*, Durham, NC: Duke University Press.

Tiedemann, R. (1999) "Dialectics at a Standstill", trans. Howard Eiland and Kevin McLaughlin, in W. Benjamin (ed.) *The Arcades Project*, Cambridge, MA: Belknap Press.

Vaughan-Williams, N. (2007) "The Shooting of Jean Charles de Menezes: New Border Politics?", *Alternatives* 32: 177 – 195.

Williams, W. C. (1951) *The Autobiography of William Carlos Williams*, New York: Random House.

——(2000) *Selected Poems*, London: Penguin.

——(nd) "William Carlos Williams", *Pennsound*, Center for Programs in Contemporary Writing, University of Pennsylvania, website. http://www. writing. upenn. edu/pennsound/x/Williams-WC.html.

Yeats, W. B. (1992) *Collected Poems*, edited by Augustine Martin, London: Vintage.

索 引

（索引中的页码为原著页码，检索时请查本书边码）

放弃/禁止（Abandonment/Ban）65，68

现实性（Actuality）46 - 50

阿多诺，西奥多·维森格伦德（Adorno, Theodor Wisengrund）118

美学（Aesthetics）78 - 83，87，90，94

动物（Animal）12，25，44 - 45，61，100 - 101，125

装置/国家机器（Apparatus）2，27，40，123，127，135，137

考古学（Archaeology）27 - 29，32，37，58

亚里士多德（Aristotle）2，28，46 - 47，54 - 55，88，135

奥斯维辛（Auschwitz）118 - 21

巴特比（Bartleby）48 - 50，105

本雅明，瓦尔特（Benjamin, Walter）4，23，36 - 44，57，63，83，89，93，97 - 98，126，128 - 29，130

本维尼斯特，埃米尔（Benveniste, Emile）16，26，84

生命政治（Biopolitics）2，57 - 62，65 - 66，68，69，74，134 - 35

Bios 2，28，57，60 - 61，134

赤裸生命（Bare Life）44，61，64，65，67，72，76，135

布什，乔治·W.（Bush, George W.）62，70

集中营（Camp）2，67 - 70，118，121 - 22，133 - 34

商品（Commodity）43，90，93，102

传达性/表达性（Communicability）52 - 53，87

来临中的共同体（Coming Community）5，7，20，34，50 - 54，76，93，117

但丁,（但丁·阿利吉耶里）[Dante, (Dante Alighieri)]108，109

（使……）失效（Deactivate）7，22，34，45，49，101，104，126

德波，居伊（Debord, Guy）53，90 - 92，127

指示语(Deixis) 16

德勒兹,吉尔(Deleuze, Gilles) 90 – 91

德里达,雅克(Derrida, Jacques) 29 – 32, 103, 119

谜(Enigma) 114

跨行(Enjambment) 91, 108 – 109

伦理学(Ethics) 20, 32, 87, 89, 107, 116 – 124, 130 – 131

气质(Ethos) 18, 51, 116, 117, 128

例子(Example) 51

经验(Experience) 5, 12, 18, 22 – 25, 28, 38, 53, 89, 90, 96, 111, 112, 120, 123

语言经验(*Experimentum Linguae*) 13

福柯,米歇尔(Foucault, Michel) 27, 56 – 60, 63, 65

姿势(Gesture) 86 – 90, 136

幸福/幸福的生活(Happiness/Happy Life) 131

黑格尔,G.W.F.(Hegel, G.W.F.) 14 – 15, 17, 34, 35, 98

海德格尔,马丁(Heidegger, Martin) 4, 11 – 15, 17, 27, 36, 57, 110, 113, 118

历史(History) 27, 28, 39 – 43, 84, 85

Homo sacer(被献祭的人,属神的人)60, 64 – 66, 125, 132 – 33

人权(Human Rights) 68

意象/影像(Image)41, 43 – 44, 84 – 86, 87, 90 – 93

潜在的不作之能(Impotential) 47, 124

幼儿期(Infancy) 23 – 26, 61

非作(Inoperativity) 4, 7, 22, 33, 34, 35, 44 – 47, 48, 53, 54, 61, 74, 84, 88, 103, 105, 121, 125

乔伊斯,詹姆斯(Joyce, James) 89, 112 – 114

卡夫卡,弗朗茨(Kafka, Franz) 99 – 107

康德,伊曼努尔(Kant, Immanuel) 28, 34, 38, 79

科耶夫,亚历山大(Kojeve, Alexandre) 34, 35, 45

语言(Language) 2, 3, 4, 5 – 6, 11 – 20, 23 – 27, 29 – 31, 47 – 48, 52, 54, 61, 75 – 76, 87, 89, 96, 99, 107 – 104, 117, 120, 121, 122, 124, 135

法(Law) 2, 60, 62 – 65, 67 – 68, 69, 75, 101, 103 – 104, 120, 125, 130

马克思,卡尔(Marx, Karl) 3, 34, 36 – 37, 102, 128

手段/媒介性(Means/Mediality) 87 – 89

麦尔维尔,赫尔曼(Melville, Hermann) 48 – 49

弥赛亚/弥赛亚主义(Messiah/Messianism) 19, 41, 50, 83, 101, 117, 128 – 131

穆斯林人(*Muselmann*) 121 – 122

南希,让-吕克(Nancy, Jean-Luc) 45, 65

内格里,安东尼奥(Negri, Antonio) 3 – 4

尼采,弗里德里希(Nietzsche, Friedrich) 79, 83, 114

开/敞开(Open/The Open) 44 – 45

Oikonomia 136
范式(Paradigm) 27，46
被动性(Passivity) 45，46
保罗,圣(Paul, St.) 130-131
柏拉图(Plato) 30，80
诗学/诗(Poetic/Poetry) 5，6，18，37，84，91，96-97，107-112，113，114
色情片(Pornography) 87，92-93
潜能(Potentiality) 4，32，40，46-50，65，89，117，124，130
实践(Praxis) 20，88
渎神/亵渎(Profanation) 93，100，102，125-127
散文(Prose) 5，18，108，109，110
救赎(Redemption) 129
难民(Refugee) 2，67-68，72-73
剩余(Remnant) 119，126
被献祭的/属神的(Sacred) 19，60，66，69，125-126
献祭(Sacrifice) 20，64，125
索绪尔,费迪南·德(Saussure, Ferdinand de) 31，96，113-114
施密特,卡尔(Schmitt, Carl) 62-63

舒勒姆,哥舒姆(Scholem, Gershom) 129
符号/语义(Semiotic/Semantic) 26，90
转换词(Shifter) 16-17
斯宾诺莎,巴鲁赫(Spinoza, Baruch) 134
主权/主权权力(Sovereignty/ Sovereign Power) 56，59，62-69，104，118，125，134，135
景观(Spectacle) 53，82，90，125，127，136
例外状态(State of Exception) 60，63-64，65，66，67，69，70，74，135
瓦莱里,保罗(Valéry, Paul) 109
声音(Voice) 13，16-18，20，24，61，76，110，112
瓦尔堡,阿比(Warburg, Aby) 84-86
"反恐战争"("War on Terror") 69-71
无论是什么的存在(Whatever Being) 20，51，72
威廉斯,威廉·卡洛斯(Williams, William Carlos) 109-110
见证(Witnessing) 118-124
叶芝,W.B.(Yeats, W.B.) 108-109
Zoē 详见 *Bios*

《当代学术棱镜译丛》
已出书目

媒介文化系列

第二媒介时代 [美]马克·波斯特
电视与社会 [英]尼古拉斯·阿伯克龙比
思想无羁 [美]保罗·莱文森
媒介建构:流行文化中的大众媒介 [美]劳伦斯·格罗斯伯格 等
揣测与媒介:媒介现象学 [德]鲍里斯·格罗伊斯
媒介学宣言 [法]雷吉斯·德布雷
媒介研究批评术语集 [美]W. J. T. 米歇尔　马克·B. N. 汉森
解码广告:广告的意识形态与含义 [英]朱迪斯·威廉森

全球文化系列

认同的空间——全球媒介、电子世界景观与文化边界 [英]戴维·莫利
全球化的文化 [美]弗雷德里克·杰姆逊　三好将夫
全球化与文化 [英]约翰·汤姆林森
后现代转向 [美]斯蒂芬·贝斯特　道格拉斯·科尔纳
文化地理学 [英]迈克·克朗
文化的观念 [英]特瑞·伊格尔顿
主体的退隐 [德]彼得·毕尔格
反"日语论" [日]莲实重彦
酷的征服——商业文化、反主流文化与嬉皮消费主义的兴起 [美]托马斯·弗兰克
超越文化转向 [美]理查德·比尔纳其 等
全球现代性:全球资本主义时代的现代性 [美]阿里夫·德里克
文化政策 [澳]托比·米勒　[美]乔治·尤迪思

通俗文化系列

解读大众文化 [美]约翰·菲斯克
文化理论与通俗文化导论(第二版) [英]约翰·斯道雷
通俗文化、媒介和日常生活中的叙事 [美]阿瑟·阿萨·伯格
文化民粹主义 [英]吉姆·麦克盖根
詹姆斯·邦德:时代精神的特工 [德]维尔纳·格雷夫

消费文化系列

消费社会 [法]让·鲍德里亚
消费文化——20世纪后期英国男性气质和社会空间 [英]弗兰克·莫特
消费文化 [英]西莉娅·卢瑞

大师精粹系列

麦克卢汉精粹 [加]埃里克·麦克卢汉 弗兰克·秦格龙
卡尔·曼海姆精粹 [德]卡尔·曼海姆
沃勒斯坦精粹 [美]伊曼纽尔·沃勒斯坦
哈贝马斯精粹 [德]尤尔根·哈贝马斯
赫斯精粹 [德]莫泽斯·赫斯
九鬼周造著作精粹 [日]九鬼周造

社会学系列

孤独的人群 [美]大卫·理斯曼
世界风险社会 [德]乌尔里希·贝克
权力精英 [美]查尔斯·赖特·米尔斯
科学的社会用途——写给科学场的临床社会学 [法]皮埃尔·布尔迪厄
文化社会学——浮现中的理论视野 [美]戴安娜·克兰
白领:美国的中产阶级 [美]C.莱特·米尔斯

论文明、权力与知识 [德]诺贝特·埃利亚斯
解析社会：分析社会学原理 [瑞典]彼得·赫斯特洛姆
局外人：越轨的社会学研究 [美]霍华德·S.贝克尔
社会的构建 [美]爱德华·希尔斯
多元现代性 周宪 [德]比约恩·阿尔珀曼 [德]格尔哈德·普耶尔

新学科系列

后殖民理论——语境 实践 政治 [英]巴特·穆尔-吉尔伯特
趣味社会学 [芬]尤卡·格罗瑙
跨越边界——知识学科 学科互涉 [美]朱丽·汤普森·克莱恩
人文地理学导论：21世纪的议题 [英]彼得·丹尼尔斯 等
文化学研究导论：理论基础·方法思路·研究视角 [德]安斯加·纽宁 [德]维拉·纽宁主编

世纪学术论争系列

"索卡尔事件"与科学大战 [美]艾伦·索卡尔 [法]雅克·德里达 等
沙滩上的房子 [美]诺里塔·克瑞杰
被困的普罗米修斯 [美]诺曼·列维特
科学知识：一种社会学的分析 [英]巴里·巴恩斯 大卫·布鲁尔 约翰·亨利
实践的冲撞——时间、力量与科学 [美]安德鲁·皮克林
爱因斯坦、历史与其他激情——20世纪末对科学的反叛 [美]杰拉尔德·霍尔顿
真理的代价：金钱如何影响科学规范 [美]戴维·雷斯尼克
科学的转型：有关"跨时代断裂论题"的争论 [德]艾尔弗拉德·诺德曼 [荷]汉斯·拉德 [德]格雷戈·希尔曼

广松哲学系列

物象化论的构图 [日]广松涉
事的世界观的前哨 [日]广松涉

文献学语境中的《德意志意识形态》[日]广松涉
存在与意义(第一卷) [日]广松涉
存在与意义(第二卷) [日]广松涉
唯物史观的原像 [日]广松涉
哲学家广松涉的自白式回忆录 [日]广松涉
资本论的哲学 [日]广松涉
马克思主义的哲学 [日]广松涉
世界交互主体的存在结构 [日]广松涉

国外马克思主义与后马克思思潮系列

图绘意识形态 [斯洛文尼亚]斯拉沃热·齐泽克 等
自然的理由——生态学马克思主义研究 [美]詹姆斯·奥康纳
希望的空间 [美]大卫·哈维
甜蜜的暴力——悲剧的观念 [英]特里·伊格尔顿
晚期马克思主义 [美]弗雷德里克·杰姆逊
符号政治经济学批判 [法]让·鲍德里亚
世纪 [法]阿兰·巴迪欧
列宁、黑格尔和西方马克思主义:一种批判性研究 [美]凯文·安德森
列宁主义 [英]尼尔·哈丁
福柯、马克思主义与历史:生产方式与信息方式 [美]马克·波斯特
战后法国的存在主义马克思主义:从萨特到阿尔都塞 [美]马克·波斯特
反映 [德]汉斯·海因茨·霍尔茨
为什么是阿甘本? [英]亚历克斯·默里
未来思想导论:关于马克思和海德格尔 [法]科斯塔斯·阿克塞洛斯
无尽的焦虑之梦:梦的记录(1941—1967)附《一桩两人共谋的凶杀案》(1985) [法]路易·阿尔都塞
马克思:技术思想家——从人的异化到征服世界 [法]科斯塔斯·阿克塞洛斯

经典补遗系列

卢卡奇早期文选 [匈]格奥尔格·卢卡奇

胡塞尔《几何学的起源》引论 [法]雅克·德里达
黑格尔的幽灵——政治哲学论文集[Ⅰ] [法]路易·阿尔都塞
语言与生命 [法]沙尔·巴依
意识的奥秘 [美]约翰·塞尔
论现象学流派 [法]保罗·利科
脑力劳动与体力劳动:西方历史的认识论 [德]阿尔弗雷德·索恩-雷特尔
黑格尔 [德]马丁·海德格尔
黑格尔的精神现象学 [德]马丁·海德格尔
生产运动:从历史统计学方面论国家和社会的一种新科学的基础的建立 [德]弗里德里希·威廉·舒尔茨

先锋派系列

先锋派散论——现代主义、表现主义和后现代性问题 [英]理查德·墨菲
诗歌的先锋派:博尔赫斯、奥登和布列东团体 [美]贝雷泰·E.斯特朗

情境主义国际系列

日常生活实践 1.实践的艺术 [法]米歇尔·德·塞托
日常生活实践 2.居住与烹饪 [法]米歇尔·德·塞托 吕斯·贾尔 皮埃尔·梅约尔
日常生活的革命 [法]鲁尔·瓦纳格姆
居伊·德波——诗歌革命 [法]樊尚·考夫曼
景观社会 [法]居伊·德波

当代文学理论系列

怎样做理论 [德]沃尔夫冈·伊瑟尔
21世纪批评述介 [英]朱利安·沃尔弗雷斯
后现代主义诗学:历史·理论·小说 [加]琳达·哈琴
大分野之后:现代主义、大众文化、后现代主义 [美]安德列亚斯·胡伊森
理论的幽灵:文学与常识 [法]安托万·孔帕尼翁
反抗的文化:拒绝表征 [美]贝尔·胡克斯

戏仿：古代、现代与后现代　［英］玛格丽特·A. 罗斯
理论入门　［英］彼得·巴里
现代主义　［英］蒂姆·阿姆斯特朗
叙事的本质　［美］罗伯特·斯科尔斯　詹姆斯·费伦　罗伯特·凯洛格
文学制度　［美］杰弗里·J. 威廉斯
新批评之后　［美］弗兰克·伦特里奇亚
文学批评史：从柏拉图到现在　［美］M. A. R. 哈比布
德国浪漫主义文学理论　［美］恩斯特·贝勒尔
萌在他乡：米勒中国演讲集　［美］J. 希利斯·米勒
文学的类别：文类和模态理论导论　［英］阿拉斯泰尔·福勒
思想絮语：文学批评自选集（1958—2002）　［英］弗兰克·克默德
叙事的虚构性：有关历史、文学和理论的论文（1957—2007）　［美］海登·怀特
21世纪的文学批评：理论的复兴　［美］文森特·B. 里奇

核心概念系列

文化　［英］弗雷德·英格利斯
风险　［澳大利亚］狄波拉·勒普顿

学术研究指南系列

美学指南　［美］彼得·基维
文化研究指南　［美］托比·米勒
文化社会学指南　［美］马克·D. 雅各布斯　南希·韦斯·汉拉恩
艺术理论指南　［英］保罗·史密斯　卡罗琳·瓦尔德

《德意志意识形态》与文献学系列

梁赞诺夫版《德意志意识形态·费尔巴哈》　［苏］大卫·鲍里索维奇·梁赞诺夫
《德意志意识形态》与MEGA文献研究　［韩］郑文吉
巴加图利亚版《德意志意识形态·费尔巴哈》　［俄］巴加图利亚
MEGA：陶伯特版《德意志意识形态·费尔巴哈》　［德］英格·陶伯特

当代美学理论系列

今日艺术理论　[美]诺埃尔·卡罗尔

艺术与社会理论——美学中的社会学论争　[英]奥斯汀·哈灵顿

艺术哲学:当代分析美学导论　[美]诺埃尔·卡罗尔

美的六种命名　[美]克里斯平·萨特韦尔

文化的政治及其他　[英]罗杰·斯克鲁顿

当代意大利美学精粹　周宪　[意]蒂齐亚娜·安迪娜

现代日本学术系列

带你踏上知识之旅　[日]中村雄二郎　山口昌男

反·哲学入门　[日]高桥哲哉

作为事件的阅读　[日]小森阳一

超越民族与历史　[日]小森阳一　高桥哲哉

现代思想史系列

现代主义的先驱:20世纪思潮里的群英谱　[美]威廉·R.埃弗德尔

现代哲学简史　[英]罗杰·斯克拉顿

美国人对哲学的逃避:实用主义的谱系　[美]康乃尔·韦斯特

时空文化:1880—1918　[美]斯蒂芬·科恩

视觉文化与艺术史系列

可见的签名　[美]弗雷德里克·詹姆逊

摄影与电影　[英]戴维·卡帕尼

艺术史向导　[意]朱利奥·卡洛·阿尔甘　毛里齐奥·法焦洛

电影的虚拟生命　[美]D.N.罗德维克

绘画中的世界观　[美]迈耶·夏皮罗

缪斯之艺:泛美学研究　[美]丹尼尔·奥尔布赖特

视觉艺术的现象学　[英]保罗·克劳瑟

总体屏幕:从电影到智能手机 [法]吉尔·利波维茨基
[法]让·塞鲁瓦
艺术史批评术语 [美]罗伯特·S.纳尔逊 [美]理查德·希夫
设计美学 [加拿大]简·福希
工艺理论:功能和美学表达 [美]霍华德·里萨蒂
艺术并非你想的那样 [美]唐纳德·普雷齐奥西 [美]克莱尔·法拉戈
艺术批评入门:历史、策略与声音 [美]克尔·休斯顿
艺术史:研究方法批判导论 [英]迈克尔·哈特 [德]夏洛特·克朗克
十月:第二个十年,1986—1996 [美]罗莎琳·克劳斯 [美]安妮特·米切尔森 [美]伊夫-阿兰·博瓦

当代逻辑理论与应用研究系列

重塑实在论:关于因果、目的和心智的精密理论 [美]罗伯特·C.孔斯
情境与态度 [美]乔恩·巴威斯 约翰·佩里
逻辑与社会:矛盾与可能世界 [美]乔恩·埃尔斯特
指称与意向性 [挪威]奥拉夫·阿斯海姆
说谎者悖论:真与循环 [美]乔恩·巴威斯 约翰·埃切曼迪

波兰尼意会哲学系列

认知与存在:迈克尔·波兰尼文集 [英]迈克尔·波兰尼
科学、信仰与社会 [英]迈克尔·波兰尼

现象学系列

伦理与无限:与菲利普·尼莫的对话 [法]伊曼努尔·列维纳斯

新马克思阅读系列

政治经济学批判:马克思《资本论》导论 [德]米夏埃尔·海因里希

西蒙东思想系列

论技术物的存在模式 [法]吉尔贝·西蒙东